一盞
永不止息的
明燈
百年僑教的
耕耘足跡

編　著　董鵬程、任弘、周靜琬

策劃主編　財團法人興華文化交流發展基金會

世界華語文教育學會

百年僑教的回顧與前瞻
——出版僑教叢書序言

　　華文教育是華人移民過程中建立起來的一個特殊的族裔語言文化教育體系，華文教育的發展過程也是華人社會一個具有廣泛文化意義的歷史進程。因此，研究華文教育是深入認識華人歷史文化的重要途徑。

　　華人在海外辦學的歷史很早，最早有文獻記載的是清康熙二十九年（一六九〇年）印尼巴城（巴達維亞，今之雅加達）的明誠書院，距今已有三百多年的歷史，但它與國內的私塾無異。

　　真正具有特殊歷史意義的華文教育體系，是在十九世紀末和二十世紀初華僑社會已融入西方教育理念，在一些規模較大的華埠建立了新式學堂，開啟了華文教育的新時代。這些學堂和私塾有明顯的不同，除了傳統的儒學，加入了大量的地理、物理、生物等科學新知，甚至有英語課程。可以日本橫濱的大同學校（一八九八年）、印尼中華會館學堂（一九〇一年）、馬來西亞檳城的中華學堂（一九〇四年）為代表。我們一般稱的華僑學校，都是現代華文教育的產物。一九〇五年清廷廢科舉、興學堂、派留學生，一連串的教育改革，已然落後華僑學校的發展。

　　清王朝的最後十年（一九〇一年－一九一一年）是現代華僑學校發展的第一波熱潮。東南亞的馬來亞有十餘所，而荷屬東印度各地中華學堂則發展到六十五所；北美的三藩市（大埠）、沙加緬度（二埠）、紐約、芝加哥、波特蘭、西雅圖及加拿大的溫哥華、

維多利亞等地先後興建了大清僑民學堂；菲律賓、日本、朝鮮、安南、暹羅、緬甸等國也出現了一批以「中華」冠名的新式學堂。這些華僑學堂大都是在各地華僑會館（或單一族群僑團）的主持下創辦的，是一種有組織的自覺興學。學堂在民國成立後，大都改稱為學校，教學內容上，雖然也注重傳統倫理道德和尊孔思想，但更注重培養子弟適應社會生活所需的各種技能。各地中華學校開設的課程有國文、經濟、歷史、地理、修身、體操等科目，遠遠超出了傳統學塾的教學範圍。

辛亥革命後的十五年（一九一二年－一九二七年），雖然國內政治不安，但華僑社會仍充滿了迎接新時代的熱忱，展開第二波興學的熱潮。華僑學校逐漸普及於僑胞聚集的各個地區，包括城市和鄉村。北京的北洋政府也協助僑社興學，這段時期部分地區僑社組成了僑教組織，有系統的籌募經費、改善僑校的基礎設施，協調共同的課程等，是華文教育系統化發展時期。

民國十六年南京國民政府成立後到日本發動太平洋戰爭期間（一九二七年－一九四〇年），是第三波興學的熱潮，也是華僑學校僑教化的重要時期。這段時間，僑社普設華僑小學，更重要的是華僑中學日漸增多，僑教組織更加制度化。南京國民政府非常重視僑務，加強對華僑教育的管理。民國十七年（一九二八年）六月在大學院特設「華僑教育委員會」專門管理華僑教育事宜，制定《華僑學校立案條例》、《華僑小學暫行條例》、《華僑補習學校暫行條例》、《駐外華僑勸學員章程》、《華僑視學員章程》等法令，進一步規範了華僑教育的管理。次年（一九二九年）十一月，國民黨中央訓練部在國立暨南大學組織召開了第一次南洋華僑教育會議，通過了《華僑教育會議宣言》和二十五項決議案，各地僑校的管理者在會議中交流了華僑教育經驗，針對華僑教育發展中存在的問題和改進意見。[1]教育部

---

[1]　國立暨南大學南洋文化事業部編《南洋華僑教育會議報告》一九三〇年，第二十二頁。

成立了「華僑教育設計委員會」，作為辦理華僑教育的諮詢機構，負責擬定改進華僑教育方案、調查華僑教育情況、計畫華僑教育經費及其它有關事項。民國二十年（一九三一年）秋，僑務委員會成立，下設僑民教育處，主管華僑教育的調查、立案、監督、指導等工作。在教育部和僑務委員會的聯合指導，以及各地僑教組織配合的共同努力下，華僑教育日趨完善，成為獨步全球的「僑民教育體系」。

　　華僑教育在母國政府的輔導下發展成僑民教育體系，有幾個重要規範：一、華僑學校使用國內統一的教材；二、課程標準化；三、國語教學的普及；四、校長從母國派任。從文化意義上而言，強化了海外華人的「華人性」（Chineseness），具體而言是：促成了各地華僑社會的橫向聯繫與一體化，提升了華人認同祖國的民族主義。伴隨著日本侵華日亟，也為動員華僑抗日打下了基礎。但也引發了一些負面效應，使得僑居地政府的警惕和不安，除了頒佈各種法令限制華僑學校教學以外，或開設學校，吸引華僑子弟入學；或以津貼華僑學校控制辦學方向，同化、分化雙管齊下。也為戰後居住國獨立後全面限制華教的政策埋下了伏筆。

　　日本發動太平洋戰爭後，東南亞的華僑學校一度停擺了三年多（一九四二年－一九四五年），許多僑校被日本軍隊刻意佔用和破壞。日本戰敗投降，退出東南亞各國，中國國際地位提升，華僑社會展開了大規模的復校運動，並籌辦新學校。戰後二十年（一九四五年－一九六五年）是華僑教育的第四波熱潮，也是最高峰時期。然而，好景不長，由於國際冷戰，東南亞各國獨立，中國內戰以至分裂，僑社也分裂。一九六五年之後東南亞的僑民教育盛極而衰，只有馬來亞華社在馬來西亞獨立後因華人人口比例較高，幾位華教領袖如林連玉、沈慕羽等人的努力下，爭取華族的族裔語言受教權，保存了華校的體系，為了避免族群衝突，刻意自稱華族教育，不再以僑教自居。

在東南亞排華四起，華僑經濟和華僑教育遭受全面打擊之時，一九六七年中國大陸陷入文化大革命的混亂，視僑胞為外國人，把海外關係界定為「反動的政治關係」，僑務全面停頓，僑胞陷入內外交侵的困境。在這個艱困時期，在臺灣的僑務委員會仍努力協助尚存的華校，與大量招收華僑回國升學配合下，為「僑教」保留了出路。也因為戰後的國共內戰，東南亞還發展出兩個特殊的華教體系：一是泰北孤軍子弟的華僑學校，二是緬北臘戌地區的果文學校。此外，北美地區開放移民，大量從臺灣去的留學生為其子弟創造出一種週末上課的中文學校模式，可謂東邊關了一扇門，西邊打開另扇窗。馬來西亞、泰北、緬北的華校，北美的中文學校，僑生回國升學，為一九六〇年代之後的華文教育保存了命脈。

為了適應戰後的政局變化，華僑身份的改變，母語教學為主的僑校體系逐漸轉化為族裔語言教學的華教體系，華校逐漸轉型為開設華語課程的私立（民辦）學校，以華語為教學語言的全日制華校走人歷史。華教體系多元化發展，半日制、混合制、週末制、補習班等紛紛出現，華文教育的三教問題也因此變得複雜。難能可貴也令人欽佩的是，僑社之中仍然有為保持族裔語言文化而努力不懈的華教奮鬥者。

一九八〇年代大陸新移民遍佈全球，華僑社會有了結構性的轉變。中國大陸經濟崛起和全球化的發展，華語熱甚囂塵上，兩岸政府積極投入資源，在高等教育中成立專業，培養華語教學人才。不論是大陸發展的「漢語國際教育」[2]，或臺灣推動的「對外華語教學」，都發現發展了百年的華文教育是中文國際化最重要的基礎。

華文教育是隨著華人移民發展的，一九九〇年代以後華文學校的模式和華文教育的內容，是以週末制中文學校為主流。二十

---

[2]　中國大陸最初稱為「對外漢語教學」，後改稱「漢語國際教育」，二〇二〇年再改稱「全球中文教育」。

一世紀華文教育的發展，則取決於華人新移民與居住國的主流教育體系互動下，將採取什麼樣的家庭語言政策（family language policy）為主。大陸和臺灣也都可以發揮影響力，大陸的整體國力將影響華語的國際地位、其對外關係會影響中華文化的國際傳播；臺灣的僑生升學制度（包括海青班）、海外臺灣學校的經營，也會為華文教育的永續經營提供寶貴的經驗。近年東南亞的華語成人補習班、三語學校和（有華語部的）國際學校發展；美國華人經營的課後班（after school），主流學校從二〇〇六年快速增加的沉浸式中文學校，是幾個重要的新趨勢。他們透露的訊息是：華文教育國際化、在地化勢所必然；華語的工具性增加，文化性淡出。

興華文教基金會在董鵬程先生主持時，就計畫出版系列研究華文教育的書籍，可惜壯志未酬。新董事會為完成其心願，邀集多位長期從事僑教的學者參與撰寫各地僑校的發展，期能保存華文教育的歷史，彰顯華人在海外傳承中華文化的偉大情懷。並鼓勵對華文教育深入研究，對華文教育的未來能有所啟發。

僑教向為僑務的核心工作，本人從臺北市政府到僑委會服務的期間，就全力投入第二處的僑教工作，足跡踏遍海外僑區，也推動包括緬甸、泰北的師培專案，臺商子弟教育即臺北學校的籌建，全球華文網路教育中心的建構，為九〇年代僑教數位化鋪設人才培育、學術研究及電腦軟硬體設備的基礎工程，期間本人廣泛接觸第一線以復興中華為己任的僑教領袖和僑校教師，深感僑教工程的重要和所有投注心力的參與者的偉大，這也是後來有機會回會擔任委員長後，特別延攬華語文專家擔任副委員長以及在最短時間內編印《學華語向前走》這套教材，希望為僑教奠定更紮穩基礎的努力。

凡走過必留下痕跡，是希望把所有僑教經驗都能順利完整的傳承，也期盼能鑑記僑教發展的全球軌跡。本人也要藉此套叢書的出版，向所有僑教前輩先進致敬，也要鼓勵更多的年輕新生社

群一棒接一棒的努力下去，永續發展興華大業。本套叢書的出版要感謝基金會所有董事監事的全力支持，任弘兄和良民兄的協助，以及熱心人士的贊助，期望我們可以共同維護、傳承僑教的火苗。

興華文化教育發展基金會董事長　陳士魁

自序

　　《興華故事叢書薈集》乃是世華會董鵬程理事長多年念念不忘之願，文中諸篇主題意在闡揚文化及僑教，筆者特加「薈集」二字，以呈顯此叢書為多面向的紀錄。董理事長本擬於病榻前再口述其任職僑委會時許多正史逸事，惟因力不從心，只得憂然而止。見他老人家平日言談間，每提起六十年代，為僑委會籌辦「四海同心僑光晚會」，雖當時國力維艱，僑胞仍四海歸心、齊心擁戴政府、踴躍返國同歡的盛況，堪稱是董公生平得意之作。遑論日後慘澹經營世界華語文教育學會，歷經甘苦備嘗，真有「如人飲水，點滴心頭」之心境。欣慰的是四十年餘成就了諸多華語文教育之創舉，且在世界各地開枝散葉、蔚然成林，已為華文推廣教育豎立了里程碑，所謂「春種一粒粟　秋收萬顆子」，他老人家當可含笑九泉了。

　　筆者編纂此文，自始至終以如履薄冰之心情，每思及董理事長志業未酬，心願未了，不敢不全力以赴。撰寫時研讀手邊資料旁蒐博采，再予以爬羅剔抉，恍如「風簷展書讀、古道照顏色」，在日與夜的光影濃淡之間，多少滄桑身影在史頁中浮浮沉沉，於今映照之下，僑民在國家危難之際、眾志成城捐輸為國，僑教興學詩墨薪傳，不也正如古道顏色，字裡行間一抹抹身影化作炊煙四起；多年來，僑務委員會（僑委會）竭盡心力執行僑務僑教，僑務工作不時面臨預算拮据、人力有限、意識形態的糾葛，影響所及至外交須面對國際競爭，至僑教須面對海外僑社、華文學校轉型，種種壓力紛至沓來，在在使我海外僑務工作推動

不易，然僑務工作者仍堅守中華民國法統與民主普世價值，傳承中華文化的時代使命，時時為促進國際貿易與文化交流，貢獻卓著，尤以在今日面對全球華語文教育日漸重視的大環境下，更是任重道遠。

這些一代又一代克盡厥職的點燈者，走在青石古道上，擎著一盞盞「明燈」，夙夜匪懈，美好的一仗都已打過，前有古人、後有來者、不乏前仆後繼者，在歷史的長廊中，一眼望去，有春江潮水連海平，也有枯藤老樹昏鴉叫、也有月照花林皆是霰……，但踽踽獨行者依然昂首向前，佇足望去，天涯路上多少離人的心、宦遊的魂。猶記得（美國詩人羅伯特・洛斯特）「未走之路」（The Road Not Take）中寫到在岔路上逡巡之人群：

> 未走之路　黃樹林裡有兩條岔路　遺憾的是
> 身為一位旅者　我無法分身同時踏上兩條路……
> 但我明白　路是無止盡的接續下去，
> 我並不認為自己會重返此地
> 我會在某處　許久許久之後　嘆口氣
> 這麼說　黃樹林裡有兩條岔路
> 而我　我選了一條人煙稀少的路　而這讓一切變得如此不同。

年復一年，「點燈者」就在岔路上選了這條人煙稀少的路，那條路是漫漫長路，走著走著擎「一盞不息的燈」就這麼亮在風雨中，亮在穿林打葉聲中，亮在冠蓋滿京城中，亮在那斯人憔悴臉上，只是兀自亮著，人和燈在沉默的腳步中，以一種悲壯的情懷執意地向前。君不見，百年來僑民教育從孕育、萌芽至發展，這一步步的滄桑史，烘托著僑民僑社的是這盞捍衛中華文化的的「明燈」。以義薄雲天、忠貞愛國的亮著不朽的信號。董公在病榻前已命此篇為「一盞永不止息的明燈」，揣想其寓意，當是以「永不止

息」四字自勉勉人，盼此「燈」照亮天涯海角，照亮海內外驛動之心，照亮多少故園之情，遺憾他老人家，未能事竟全功。梁啟超先生論歷史時曾言：

> 歷史的目的在將過去的真事實予以新意義或新價值，求得其因果關係，以為現代一般人活動之資鑑也。

歷史即是一盞「不息的燈」，走過舊時的足跡，開啟了「鵬程萬里」的意義，方能承先賢而啟後者：華人的悲歡歲月、留存了多少孤臣孽子的血淚，當傳之子孫後代，當儆醒前事不忘後事之意，古今當一體承擔同喜同悲。

當年筆者撰寫博論《春秋左傳爭霸研究》時，翻閱《春秋史》中恍然有「古月照今塵」映照之感，篇篇承載的是千年孤臣淚，而今日翻閱《僑教史》，怵然一驚的是百年僑民淚。此時此際，風聲、雨聲、讀書聲聲聲入耳，國事、家事、天下事齊湧心頭，焉可只落得臣子恨、黎民淚。

興華基金會在此財力艱困、時局動盪時刻，仍致力彙編出刊此叢書，其用心良苦，亦在為「天地立心」。遙想當年不解董理事長為何事事躬親，不憚其煩，及至整理文稿時，見其手寫之「唯二的心願」手稿時，方恍然此即為其志業所在，可謂見其文如見其人：

> 在華教界的名聲、地位已經屹立不搖、在華教界也已立功、立言，有其歷史評價，唯二的心願如下：
> 第一、不希望篳路襤褸中開創的43年的「世華會」在華文盛世中卻漸次衰落、走入歷史！
> 第二、在有生之年，仍願意盡心盡力為華文付出。

董理事長囑筆者梳理百年僑教的耕耘足跡，以成其所願。本文

感謝世華會現任理事長任弘教授，於公務煩冗之際，不辭辛勞，於各章節中增添大量信史，以其多年熟稔僑務事宜之豐碩經歷，論據之間、信手拈來，皆旁搜博證、掇菁擷華、為本文蹠事增益。

祈盼

　　各位專家學者不吝指正，而今而後等待完稿付梓日，將銜哀祝告董理事長，惟其所願矣！

周靜琬　謹上

目次

第一章
華人移民社會與文化概述

　　華人移民海外歷史久遠，本文中所稱之海外華人，基本上是明清以來的中國移民。[1]明清時期海上貿易發達，有海上絲綢之路之稱。從東北亞到東南亞貿易網路中的重要據點，開始有少量「住蕃」的華人。[2]至17世紀前期，東亞各絲綢之路、貿易港及其周邊地區，已形成大小不一的中國移民聚居區，主要集中在菲律賓的馬尼拉、日本的長崎、爪哇的巴城、蘇魯馬益（泗水）、萬丹，馬來半島的北大年、麻六甲、吉蘭丹，暹羅的大城及北緬甸的八莫等地。數量多者數萬，少者也在千人以上。[3]迨清代鴉片戰爭後二三十年（1850-1880）大量輸出華工，成為華人移民的主力，加上因涉及叛亂事件（太平天國、小刀會等）逃亡海外，或依親方式出洋，華人移民數量之大成為一個重要的歷史現象。

　　至19世紀末，以從事勞力為主的華人與明清以來的商貿網路結合，發展出一些小零售商人，部分更發展成擁有農場（種植園）或

1　對於華人、華裔、華僑的界定，可依血統上、意識上、地域上、法律上的區別，按僑務委員會僑務統計之界定，我國在僑務工作之實際推展中，傾向以血統主義來認定僑務工作的內容，對華僑、華人、華裔並未明顯區分，但在統計海外華僑、華人人口分佈時，可清楚地區隔其定義為：（1）「華人」一詞除「華僑」外，尚包括歸化為外國國民以及散居在全球各地的中國人（中國大陸、香港、澳門三地區除外）。（2）「華僑」一詞乃指僑居在海外的中華民國國民。（3）「華裔」乃泛指在海外出生的中國人後裔。

2　「住蕃」一詞出自宋代朱彧《萍洲可談》卷二：「北人過海外，是歲不還者，謂之『住蕃』。」

3　莊國土〈海上絲綢之路與中國海外移民〉《人民論壇》2016（08）：244-246，頁245。

礦場的大商人，甚多華人移民較多的地區，形成了大大小小華人聚居的唐人街（Chinatown，又稱華埠，或稱中華街）。也在此時期，華人社會開始創建新式的學堂，現代華文教育於焉展開。故本文對華人移民的概述，以19世紀中葉清晚期以後的海外移民為主軸。

依據移民的推拉理論（push and pull theory）[4]，清代華人出洋是標準的推力大於拉力，當時中國的海外移民大都屬於生存性移民，或說是一種被動性移民，這與當時國內社會經濟的變遷和動盪的政治環境有關。特別是人口的長期快速增長，對清代社會的整體變遷具有決定性的影響。在沿海的福建、廣東兩省，人口的長期快速增長遠超過土地資源的負載力，整個社會生活水準已瀕於溫飽線之下。隨著生存資源的嚴重匱乏，很多貧苦農民被迫離開家園。為謀求生路，尋求生活所需和生存空間，大批喪失土地的農民不得不穿州過縣或飄洋過海，紛紛向外遷徙。

第一節　19世紀以來華人移民分期

19世紀中葉，殖民主義發展至最高峰，擴大原物料生產（蔗糖、棉花、煙草）、發展海外市場，北美開採金礦與修築鐵路工程都需要大量人力，卻處於廢奴主義運動之後，勞力極度缺乏。然在此時，西方列強打開了中國的大門。中國沿海農村過剩的人口，成為國際勞力缺口的來源。有大量華人以契約勞工的身分被送往北美洲、南美洲、大洋洲、南非和俄羅斯等國家。其中有很多是被騙或不懂契約法律效力的無知農民，這些契約華工，大都淪為形同奴隸的「苦力」（coolie）。當然，並非所有華人移民都是勞工，明清

---

[4]　推拉理論是英國地理學家萊文斯坦（E. G. Ravenstein）於1885年發表〈移民的規律〉（The law of migration [J]. Journal of the Statistical Society, Vol.48. 1885）一文首創，學界公認為現代移民研究的奠基者。

以來因海上貿易興盛，早已建立一些貿易網路，華人所經營的產業，在主要城市中已成為商業據點，移民之中也有因地緣關係去依親的，但華工是清晚期以來華人移民的主要來源。

從19世紀中葉以來，移民潮因時代背景的不同，可分中國國內情勢、華僑華人所在家鄉情況及目標國的局勢，包括該國的移民策略等等，下一章節將分析華人移民的不同時期。

一、1850-1880年——以北美、中南美、非洲為主

清代中期以來，中國人口的激增導致國內產生大量剩餘勞動力，清政府在外國侵略勢力的壓力下被迫允許華工出洋：與此同時，早在19世紀前期，歐美相繼廢除奴隸貿易制度，因而轉向中國尋求替代黑奴的苦力，於是大批華工被誘騙拐賣出洋，當時稱為「賣豬仔」或「豬仔貿易」。

1860-1879年期間，販往北美的苦力華工，主要在礦場淘金和修築鐵路，是一般較為熟悉的部分，其他如南美古巴、秘魯，非洲外島馬達加斯加（Madagascar）、模里西斯（Mauritius）、留尼旺（Reunion）以及非洲大陸和澳洲（Australia）等地，亦招募了為數不少的華工。中南美洲招募的華工大多在甘蔗園工作，非洲大陸華工則主要在礦場工作。當澳洲墨爾本發現金礦時，就掀起第二波淘金熱。

輸往這些地區的華工，最早有從廈門出海者，後來主要從澳門和香港出海，1850-1875年的25年間，澳門大約販運了50萬華人出洋，獲得巨額暴利，澳門苦力船隻航行的目的地包括秘魯、古巴、三藩市等。[5]前往美國加州和澳大利亞等地淘金、修築鐵路苦力，

---

5 毛立坤〈晚清時期東南沿海通商口岸對外航線與港勢地位的變遷〉《史學月刊》
   2005（12）：37-43，頁40。莫世祥〈近代澳門貿易地位的變遷——拱北海關報告展
   示的歷史軌跡〉《中國社會科學》1999(6)。頁177-178。鄧開頌《澳門歷史（1840-
   1949）》珠海：珠海出版社，1999。頁186-188。

主要從香港出洋,香港航運業及其輔助行業如修造船業、船隻補給業在一定程度上是依靠苦力貿易發展起來的。[6]到20世紀初,移民南洋有增無減,以致更多的輪船加入了移民運輸,使移民航線成為一條經久不衰的遠洋航線。以廣州為中心珠江三角洲附近的江門五邑的農民就成為苦力的主要來源。[7]

非洲外島則以客家人為主。19世紀初期,由於南非建築行業技術工人缺乏,尤其是1806年英國人入侵南非後,急需大量勞動力進行開發,英國殖民者便以各種手段欺騙東南亞、印度或模里西斯等地的華人前往南非。1870年,有一批華人經馬達加斯加、模里西斯來南非。1891年以後,尚有不少來自廣東的華人前往南非,以技藝工匠和小商人居多,1896-1897年,法國把招募的華工(主要是廣西欽州、廉州、防城等地農民)分四批共3,003人運往非洲馬達加斯加修路建橋,從而開始了華人向南非移民的歷史。

二、1880-1920年 ── 歐美排華,轉向東南亞

1880年以後,歐美及屬地開始排華,華工多轉往東南亞發展。東南亞與中國之間自宋以來航運無阻,朝貢貿易與私人貿易均有密切的關係,許多港埠都有華人的據點。當地缺工訊息一起,就有源源不斷的華工前往。根據學者研究,從19世紀中期到20世紀前期,出國契約華工超過265萬人。1876-1898年的23年間,僅從廈門和汕頭兩地出國往東南亞的華人達285萬人。[8]

---

[6]　余繩武、劉存寬主編《十九世紀的香港》北京:中華書局,1994。第263-269,頁296-297。

[7]　五邑,指今廣東省江門市下轄新會、臺山、開平、恩平、鶴山五個縣級行政區。早在元末明初(1368-1388),這裡便形成墟集。十七世紀初,江門墟因商貿而興盛,逐漸成為珠江三角洲的一個貿易中心,西江中下游一帶的商品多在此地集散。1904年,江門被闢為對外通商口岸,設江門北街海關,為廣東八大關之一。

[8]　陳翰笙主編:《華工出國史料彙編》第一輯,北京:中華書局,1980年,頁184-185。

此時期的勞力輸出就不限以港澳為出海口的廣東人，以廈門為出海口的閩南人，而是汕頭為出海口的潮汕人和客家人大增，新加坡成為前往東南亞的華工集散中心。到20世紀初，華人已達四五百萬之眾，廣泛分佈於亞洲、美洲、非洲和澳洲，東南亞因與中國鄰近，並早有貿易關係，成為華人移民最多的區域，然而身分不自由的契約華工在海外生活仍感艱難，社會地位依然低下。

三、1920-1950——東南亞仍是主要目的地

一戰（1914-1918）之後中國戰亂不斷，民生艱困。捲入大戰的歐洲交戰國呈現經濟蕭條，生產停頓，但他們大都是東南亞各殖民宗主國，亟需東南亞的物資，尤其是與戰爭相關的橡膠製品、錫、糧食、糖、各類五金製品、小型船舶等的需求激增，因此紛紛加強投資，刺激東南亞華商企業的發展，當經濟處於上升時期，需要大批的廉價勞動力，因而掀起第三波的中國海外移民潮。

閩粵各省的移民再度大量湧入東南亞。1918-1931年，僅從汕頭、香港兩地出境的移民達380萬人。[9]而1922-1939年，從廈門、汕頭、香港出境的中國人達550萬人，大部分前往東南亞。[10]這一波移民潮和前一期的華工結合，華人在東南亞打下了穩定經濟基礎，並在主要城市建立了現代化的僑團和商會組織。當華人的社經地位已經相當穩定，轉而對僑鄉的回饋最多，建醫院、辦學校，修祠堂、蓋僑房大都在這個時期。

到太平洋戰爭爆發前（1941年底），東南亞華人至少有700萬。1950年代初，世界華人總數約1,200萬-1,300萬人，90%集中在東南亞。

---

[9] 福田省三《華僑經濟論》東京：岩松書堂，1939年，頁70-74。
[10] 游仲勳著，郭梁：《東南亞華僑經濟簡論》劉曉民譯，廈門大學出版社，1987年，頁10-11。傅無悶編《南洋年鑑》丙編，新加坡：南洋商報社，1939年，頁29-30。

四、1950以後——技術、投資移民成主流

　　二戰後，東南亞華僑努力恢復日本佔領後的家園，卻遭逢母國的內戰、國際冷戰、東南亞各國的獨立運動和民族主義、1949年中共建政、1950年的韓戰、美國主導的東南亞反共和圍堵中國大陸，在內外多種環境因素影響所及，中國大陸海外移民大潮為之中斷。

　　在臺灣方面，1953-1959年為美援影響時期，直至1960年美援終止，海外華文教育取代華僑教育，此時期僑委會在美援經費的支持下，設置僑生獎學金，補助清寒僑生生活費，爭取僑生回臺升學，中華民國遂受到傳統僑團的支持，在臺灣的國民政府與僑社多年來始終保持聯繫。

　　1965年美國移民政策的改變，引發全球性國際移民潮，除勞動力外並且吸引專門人才，放寬移民流入的限制：至1970年代以來，華人移民海外出現另一高峰期，臺灣和香港因有美國的配額，東南亞因排華，也有大量的「再移民」。單就臺灣而言，此時期約有200萬的海外移民。1971年中華民國退出聯合國以後，國際局勢丕變，直至1978年中華民國政府開放及推動兩岸民間交流後，赴中國大陸探親經商、觀光、投資者遂絡繹於途，過去漢賊不兩立的對立思維已見轉化。

　　然中國大陸於1967至1976年實施文化大革命而對外封閉，僑社與僑鄉幾乎斷絕往來。至1977年鄧小平主導改革開放政策，設立經濟特區，大量吸收僑外資與人才。為積極爭取海外華僑，將僑務工作提升至戰略層面，也逐漸放寬了海外移民的限制。1980年代後期開始有大量的留學移民和1990年代後的一般移民，至2015年左右中國大陸新移民已達到1,000萬人以上。2012年中國大陸有近40萬的出國留學人員，總數居世界之首。其對外工作更見活絡，使得移民數量快速增加。

第二節　海外華人的多元定義

經上述清末以來的三波移民潮之後，海外華人數量究竟有多少，甚難統計，但有兩個大約數字可以參考：從1850-1950的一百年，華人移民約到達1,200萬人，至今約有5-6代，他們大都仍保有相當的華人性（Chineseness），可稱之為華裔或華族；從1960-2010的50年，華人新移民又增加了1,200萬人，至今約有2-3代，與母國僑鄉之間仍有千絲萬縷的關係，可稱之為華僑華人。2,400萬人加上他們繁衍的後代，較保守估計有3,000萬以上。

近一百多年的華人移民，從國內的角度而言，稱呼有：僑民、僑胞、華僑、華人、華裔等，這些稱呼也顯示華人移民與故鄉祖國之間的親疏與認同，同時也涉及了他們在母國和居住國的法律地位。兩岸法律對僑民也有不同的定位。一般我們用Overseas Chinese的英文概括稱之，但近年也有一些不同的英文對應這些稱呼，自然也有不同的含義指稱。

> 僑民：旅居（sojourn）海外的國民[11]
> 華僑：Overseas Chinese（強調原鄉）
> 海外華人：Chinese Overseas（強調僑居）
> 華人、華族：Ethnic Chinese
> 華裔：Chinese descent
> 散居海外的華人：Chinese Diaspora
> 跨國華人：Transnational Chinese

---

[11] sojourn可翻譯為旅居；寓居；僑居，其英文本意為：1. a short period when a person stays in a particular place; 2. a temporary stay at on place, esp. while traveling.不一定是在國外居住，只要離家即可。

「僑民」一詞是臺灣使用的，意為僑居海外國民，屬法律名詞。臺灣因繼承清末以來屬人主義的國籍法，視海外華人為國民，因此喜稱為「僑胞」或「華僑」，有「民胞物與」一家親的親密感。中國大陸在1955年以後採取單一國籍的國籍法，將海外華人區分為仍有國籍的「華僑」，已入僑居國國籍的「華人」。「僑胞」、「華僑」或「華人」三個詞英文用的都是Overseas Chinese。一些華裔的華僑華人研究的學者，或居住海外三代以上的華人（相當於中國大陸定義的「華人」），他們認為用「Chinese overseas」比較合適。至於Chinese Diaspora, Transnational Chinese都是1990年代新衍生的名詞，較常用於學術界。

　　不同地區的華人社會和當地人對華人族群也有不同的稱呼，尤其對於「新客」和「僑生」（土生華人）以及混血華人有比較細的區分，也充份反應了華人與僑居社會的關係，以及華人的自我認同：

○○華人（○華）：菲華、泰華、馬華、緬華，這是最普遍的稱法

Mestizo（西語，混血兒）Chinese Mestizo混血華人，菲律賓

Peranakan馬來西亞與印尼的土生華人

Baba峇峇、Nyonya娘惹，馬來西亞特有

Sino-Thai華裔泰國人

Asian American, Chinese American華裔美人

Taiwanese American臺美人[12]

Hong Kong, Hongkongais, hongkongaise, Hongkongese香港人

---

[12]　「臺美人」一詞是1970年代以後，臺灣移民美國的人數大增，一些具有「臺灣獨立」意識，或臺灣本土意識較強的人自稱，以與老僑、臺灣的外省人，以及中國大陸新移民有所區別。後三種人一般都自稱Chinese American.

第三節　華人社會與文化

　　華人移民分佈之廣，數量之大，已成為一個重要的歷史事件，而華人移民在海外許多地區發展出的社會文化特性，移民過程中，從他們自故鄉帶到僑居地的文化，為適應僑居環境與當地土著以及殖民帝國之間互動產生了一些變化與調適因應。華人文化的保持和變異，是一個歷史研究的切要課題，無形中也涵蓋了華僑文化與僑鄉文化。

　　華僑在僑居的異國的土地上形成的華僑文化，從起始自認是唐人，將在異國居住和經營商業的社區稱為「唐人街」，稱自己的祖國為「唐山」，彼此之間團結互助、刻苦耐勞、崇敬祖先、勤儉節約，使中華文化能在海外長存至今，此皆是廣大華僑日積月累的歷史貢獻。如此漫漫長路的「尋根文化」努力拉近了後代對家鄉及祖先的距離，使後代感受到一脈相承的家族淵源。

　　以新加坡為例：二戰後，包括新加坡在內的東南亞社會所發生巨大的變遷，從1965年新加坡結束英殖民地統治，走上獨立建國之路，華人身分認同轉變，自認為是新加坡國的公民。伴隨時代的進展，社會的轉型而重新建構的「祖神」，最初是指伴隨華人祖籍原鄉的神明，經南來拓荒的僑民而「移居」，作為認同的象徵，承擔起整合社群維繫華人與祖籍，同時也與時並進，逐漸涵蓋了祖籍地和移居地兩方面的歷史記憶，具有整合華人移民社群的功能，可視為一種華人的「紐帶」，有著比祖先崇拜更大的延續力。[13]而使華人群體及社會在海外獲得長足發展，加上自身的經濟實力而有殊多對中國的貢獻，這一群體在現代中國遂有著特

---

[13]　參考曾玲〈祖神崇拜：東南亞華人與祖籍地文化紐帶之建構〉參見胡百龍、梅傳強、張國雄主編《僑鄉文化縱橫》北京：中國華僑出版社，2005年9月，頁95-96，頁99-102。

殊的政治和輿論優勢。

若從文化殖民的視角分析新加坡海峽華人的失根與尋根，可觀察到新加坡海峽華人的失根、尋根與保根的文化歷程：[14]

龔鵬程（2003）提出「離散的認同」（identity of diaspora）觀念，也說明是一種歷史的失憶，肇生另一種歷史的記憶的詮釋：[15]

> 自大陸淪陷後，很多中國人遠走（或流亡）海外成為華僑，但因能保留國籍或因要在在地國生存，而不能繼續保留國籍，但離散者彼此雖不能繼續保留國籍，而面臨一個新的認同，客觀的環境有他心理上的困境，總是具有鄉愁感（nostalgia），但離散者彼此因其同根同源，而在文化上聯繫或溯源，在面對當地主流族群時，他們只有認同遠處的「祖國」時，才會有快樂尊嚴及歸屬感。事實上，凡移民或流亡者跨出邊界時，也即一腳踩進了另一個歷史，面臨一個新的認同；但原來邊界的那一邊仍頻頻不斷地向他招手，令他左右為難進退維穀，他彷彿是個旅人，他的流動使其身分難以定位。

美國學者孔飛力（Philip Alden Kuhn, 1933-2016）在2008年出版《他者中的華人：中國近現代移民史》（Chinese among Others: Emigration in Modern Times）[16]對海外華人與移民地「他者」群體如

---

[14] 參考李元瑾〈從文化殖民的視角重讀新加坡海峽華人的失根〉《華僑華人歷史研究》2014年42期，頁15-23。

[15] 龔鵬程〈世界華文文學新世界〉《世界華文文學新世界》，頁1-17。桃園：國立中央大學，2003年3月，頁4-6。（該文改寫重刊於《華文文學》第96期，2010年3月，頁5-12）

[16] 美國的中國史學者Philip Alden Kuhn孔飛力（早年中文名為孔復禮）著《他者中的華人：中國近現代移民史》李明歡譯，南京：江蘇人民出版社，2016年版。（原文Chinese among Others: Emigration in Modern Times, Lanham, MD. Rowman & Littlefield Publishers, Inc., 2008）孔飛力其他關於近代中國的主要著作：《中華帝國晚期的叛亂及其敵人》謝亮生等譯，北京：中國社會科學出版社1990年版；《叫魂：1768年中國

何互動進行解讀。孔飛力認為：

> 海外華人歷史是中國歷史的題中應有之意，是研究中國歷史
> 不可或缺的組成部分。「他者中的華人」有雙層意義，一是
> 海外華人在他所處的移民環境中是「他者」，移民國的土著
> 或統治者是華人認識自我的「他者」。第二，海外華人移民
> 的歷史，是觀照中國近現代史的一面鏡子，要全面的認識中
> 國，不能忽視華人移民在海外建立華僑社會的過程。

　　以華工為主的華人移民，他們原是中國本土底層的升斗小民，
當離鄉背井在異邦謀生，所能堅守的大都是關乎生死、儒道佛雜揉
的鄉土信仰，在艱難謀生中淺顯而實用的民間的「小文化」，所以
最初的結社是以團結互助、保住飯碗的工具性為主，基礎則源自本
土的鄉緣、親緣或多少以「會黨」盟約作為維繫彼此的紐帶。這
樣的社會組織襲用故鄉宗法社會的外殼，但其價值觀念的核心是
「義」而非三綱五常；其道德標準是「豪傑」而非安分守己，如
此社會文化對於傳統以孔孟之道為核心的中華文化來說，已然是
一種變異。[17]

　　馬來西亞華校是以中文為第一教學語言，因此保存較高的華
人文化認同，堪稱海外華文教育的奇蹟，這一成就是先輩們經過
半個多世紀堅苦卓絕的奮鬥才取得的，甚至抗衡一切不利於華教
的官方政策所培養的，擁有良好傳統中華文化基礎的優秀人才，
也得到馬來西亞政府、社會和其他族裔的高度評價和讚譽，然而
這些僑校卻一直游離於政府的主流教育的體系之外，年復一年，

妖術大恐慌》陳兼、劉昶譯，上海三聯書店出版1999年版；《中國現代國家的起源》
陳兼、陳之宏譯，北京：生活・讀書・新知三聯書店，2013年版。
[17] 李明歡、黃猷〈東南亞華人族群文化與華文教育〉《海外華文教育》2008(01)：頁
53-59。

全依賴於華人社會的捐款和學費，領導華文教育的是華校董事總會和教師總會，成為馬來西亞華人社會奉獻華文教育事業所耕耘下的成果。

馬來西亞華人將華人團體、華文教育和華文報刊稱為「華社三大支柱」，這個概念普遍為華人社會所接受。我們也可從三大支柱中的發展中，深入瞭解華人移民社會與文化的特性。本文將對華人團體、華商網路、華文媒體概述之，華文教育當在下一章有更進一步的論述。

一、僑團（華團）：華人移民社會的族（幫）群

海外華人按地緣、血緣、職業等關係進行結合的各種形態組織統稱為「僑團」或「華團」，包括宗教團體、宗親會、鄉親會、校友會、文化及慈善團體，是以華僑總會館（中華會館，華總）和華僑總商會（商總）為核心領導。華僑幫派團體或行業團體，通常以共同方言、共同習慣、共同經濟活動為基礎組成的自治共同體。華社中的團體，不只是單純的「福建人」與「廣東人」之分，而應注意的是「閩幫」、「廣府幫」、「潮州幫」的區別，每一大幫最終都發展出自己的會館，看起來是地緣組織，但實際上也是商團發展的標幟。

華人社團是華人本身（內部）以及與居住國的殖民統治者和土著之間（外部）的「邊界」。早期華人族群的發展是以方言幫群社會「內邊界」族群關係為重心，到1950年代後與當地土著民族「外邊界」族群關係為重心的變遷。其間華人族群關係的發展呈現出不同的歷史特點：

移民歷史過程中，東南亞華人從福建人、廣府人、潮州人、客家人、海南人……到中國人，再到菲律賓華人、馬來西亞華人、泰國華人、印尼華人……乃至正在形成的菲律賓人、馬來西亞人、泰

國人、印尼人……及東南亞華人和東南亞人的族群身分認同的歷史變遷。[18]

　　陳育菘是第一個對「幫」或「幫權」進行闡釋的學者，在《新加坡華文碑銘集錄》書中說明：「幫是東南亞華人社會結構的特徵，是由於移民群中說不同方言而造成隔閡的格局下所形成的」，[19]隨後楊進發認為：幫是「一個集團，一個群體或一個亞社會」，「一個集合了方言、地域和職業的群體」。[20]林孝勝則認為：所謂「幫」是指一個帶有濃厚地緣、業緣與部分血緣性質的方言社群。[21]亦有研究指出，幫群的成立與華人義山（墳山）管理的組織化有密切關係，以19世紀新加坡華人為例：當地的閩南人的墳山組織就具有鮮明的移民「幫群」界定功能，首先反映在處理先人喪後事宜的華人墳山組織，有不少同時也成為該幫群的總機構。如新加坡福建幫在天福宮和福建會館未出現之前，恒山亭是作為該幫的總機構而活躍於新加坡華人社會舞臺。[22]

　　東南亞各地的華人結社最早是採用地緣關係分類運作，地緣與方言是一體的兩面，其中有五個主要方言群，即福建人、廣州人、潮州人、客家人和海南人等方言群，另有三江幫和雲南幫兩個較小的幫群。此外，東南亞的華人社團組織早期是以「會黨」或「公司」（Kongsi）的形式性組成，性質類似傳統社會的「幫會」，類似一種民間的互助團體。何啟良曾分析道，「殖民時期的華人祕密會社的囂張是無政府的極端，而早期的血緣性和地緣性會館和鄉團

18　李勇〈語言、歷史、邊界：東南亞華人族群關係的變遷〉《華僑華人藍皮書》，華僑大學出版，2012年12月。

19　陳育菘、陳荊和《新加坡華文碑銘集錄》，香港中文大學，1970年，頁15。

20　楊進發《戰前星華社會結構與領導層初探》新加坡南洋學會，1977。

21　林孝勝《新加坡華社與華裔》新加坡亞洲研究學會，1995年3月。

22　參見：曾玲〈社群邊界內的廟宇、墳山與移民時代新加坡華人幫群組織之建構——從碑文、帳本、會議記錄、章程等切入的研究〉《華僑華人文獻學刊》2016(02)：137-175；李勇〈移民時代新加坡華人幫群社會建構的個案研究——以「福建人」閩幫總機構為例〉《華僑華人歷史研究》2008(03)：頁70-78。

組織負擔起華人福利的責任，甚至馬華公會的發起也是基於這一原始動力。」[23]同鄉幫派和行業幫派的雙重結合，是東南亞各地華人社會中的共同現象。幫群領袖對會館和宗親會控制的有效程度則與經濟力量成正比。茲將各幫群的特色簡述如下：

（一）福建幫

元代曾在泉州設市舶司管理對外貿易，使泉州為世界最大港之一；明清的私人貿易又促使漳州月港、廈門的興起。閩商成為與晉商、徽商、粵商、浙商、滇商齊名的中國十大商幫之一。

從地域而言，閩商又派生為福州、泉州、興化、延平、漳州、寧德等商幫。在這些商幫中，以福州、泉州、漳州最為重要。在東南亞的福建人以泉州、漳州人居多，臺灣慣用「閩南人」一詞，在東南亞常用「福建人」稱之。

福建幫的發展常和媽祖信仰聯結。是閩南人的特色宗教，在閩南人的群聚地可見到許許多多的媽祖廟。自明清開始，閩南人開始向海洋發展，北至天津南至爪哇，幾乎都有著閩南人的足跡。媽祖信仰也跟隨著閩南人的擴張遍佈沿海地區。

臺灣在鄭氏王朝移民臺灣的閩南人多半信奉玄天上帝，到了清代中葉後移民臺灣的閩南人逐漸信奉媽祖。因此今日研究清代臺灣民族分佈時，即以媽祖廟的分佈作為依據來區分為閩南與客家。

「福建幫」東向日本與琉球，南向菲律賓，西向安南（現在的越南）與暹邏（現在的泰國），更遠向阿拉伯與非洲東海岸擴展勢力。

（二）廣東幫

廣東幫是一個泛稱，根據不同的方言，還可分為廣州的「廣

---

[23] 何啟良〈路漫漫其修遠兮：馬來西亞國家機關、公民社會和華人社會〉載《馬來西亞華人研究學刊》第一期，頁9。

府幫」，潮州的「潮州幫」、海南島的「海南幫」與梅縣的「客家幫」等四個商幫。廣義的廣東幫可包括四幫，狹義的廣東幫是指廣府幫，以廣州為中心珠江三角洲江門五邑為主的廣州方言的商人構成的商人集團。廣府幫與福建幫，是海外華人的最大兩幫。

因為中國往返美洲的航線是澳門和香港，當華工貿易興盛時，輸往美洲的華工被港澳壟斷，因此美洲的華人社會成為廣府幫的天下。在東南亞他們的勢力次於福建幫。

（三）潮州幫

潮州幫雖為廣東幫的一支，但在東南亞尤其是中南半島的泰國、印支三國（越南、柬埔寨、寮國）以及馬來半島、沙撈越等地，具有相當多人數和經濟實力。

潮州人大都從汕頭出洋，也稱潮汕民系、潮州人、潮汕人。廣義上的潮州民系包括汕尾人，狹義上的潮州民系指潮州市、汕頭市、揭陽市與豐順縣以及周邊地區有潮州認同感的人。潮州幫在泰國曼谷地區是最大的僑團，他們幾乎掌控了中南半島的稻米市場。

（四）客家族群

1845-1860年間，客家移民至東南亞者遽增。1864年，太平天國天京陷落，餘部康王汪海洋、李世賢等率軍從福建敗退梅州，最後全軍覆沒。由於太平天國主要將領洪秀全、馮雲山、石達開以及後期將領李秀成、陳玉成等都是客家人，軍隊主力也大都是兩廣客家人，清政府對太平天國餘部進行瘋狂報復，嘉應州、惠州等大批太平軍將士及家眷紛紛亡命南洋，其中馬來亞的檳城成為他們主要落腳點，再從檳城遷移各地。

在十九世紀中葉後大批客家人，大都透過「苦力貿易」的方式移往馬來亞。客家人常為私會黨賣為奴隸，且他們除會黨之外亦無

任何依靠，只好加入私會黨，致使私會黨的勢力更為膨脹。

1880年以後，客家人開始在馬來西亞霹靂州的拿律地方取得絕對優勢。拿律擁有豐富錫礦，吸引大批華工前來，拿律華人礦工形成私會黨組織。

（五）海南（瓊州）幫

1876年，海口開埠，設瓊州海關，輪船亦航行於海口與新加坡、曼谷、西貢之間。瓊人開始大量出洋（南洋）。海南《過番歌》：「怕死不來番」。瓊人出洋則有較強的雙向性（來者眾，返回者亦多）。故此，海南人在星、馬、泰諸國，均居於小方言群地位。

早期海南人多為社會下層的勞工階層，只能在隙縫中尋找生機，或是寄人籬下「打洋工」（當洋人的廚師及家庭幫傭）。有些則經營咖啡店或餐廳，星、馬兩地馳名的海南雞飯和海南咖啡即是典型的例子。

（六）江浙幫：大三江與小三江

相對於閩粵，江浙人（江蘇、浙江和江西三省）在東南亞是少數。「非廣東、福建，則隸屬三江」。三江移民居於弱勢，常聯合非閩粵的華人組織三江會館，這是「大三江」，三江會館比較特別，不是單一的方言群體。若只限江浙贛三省移民，若人數夠多也會組織單省的獨立幫群組織，稱為「小三江」。

江浙幫早年在日本和近年在歐洲有較大的族群。

（七）另類華人幫群：泰北緬甸的雲南人

雲南與中南部半島接壤，雲南人從陸路移居泰國、緬甸、寮國，有很久的歷史。雲南這些邊境地區因中國的政治局勢力、回漢民族宗教衝突皆有密切相關。他們是跨越邊境山區從事貿易的人，

屬於陸路移民，與東南亞其他地區的華人不同，一般稱為海外華人（Overseas Chinese），他們則是Overmountains。

　　1856-1873年，杜文秀領導回民起義失敗後，大批回民馬幫商人移居緬甸和泰國北部。此地區後來成為英法兩個殖民帝國爭奪地區，後緬甸成為英國的殖民地。戰後，雲南人在泰緬邊區形成了特殊的幫群，其經過如下：

> 1948年緬甸脫離英國成立緬甸聯邦。中緬邊界一直是未定界。
> 1949年國民黨軍隊入泰緬邊區。
> 1950年，國軍李文煥第三軍、段希文第五軍殘部，先撤退到緬甸後遷徙到泰北。
> 1951年，國軍李彌殘部長期盤踞緬甸撣邦。朝鮮戰爭之後（1953），美國圍堵中國的對外關係，周恩來為突圍，與東南亞國家修好。
> 1955「萬隆會議」之後，和緬甸領導人吳努展開中緬邊界談判。
> 1961年《中緬邊界條約》簽字，中國也永久失去了諸如「猛卯三角地」的土地和約500萬以上的人民，成為緬甸的果敢人（民族）。
> 1970-80年代，文化大革命期間不少雲南、四川人逃到泰緬。

二、會黨與華社

　　整個19世紀，私會黨可說是華人社會最活躍與最具影響力的自治組織，會黨亦多以地緣和方言群為基礎，展開活動。私會黨基本上言，是種經濟共同體或語言經濟共同體。早期的私會黨多從事煙、酒、娼、販、賭等利潤較高的商務以謀取基金。後來化暗為明建立的會館，多與私會黨脫離不了關係。

以馬來半島為例，十九世紀中葉，華人祕密會黨勢力日益壯大，當時大部分華人社會領袖都是會黨人。光緒15年（1889），英海峽殖民地政府頒佈了鎮壓祕密會黨的法令。當時予以解散的各會之名稱派別有：新加坡的福建義興、廣惠肇義興、潮郡義興、海南義興、客屬義興（又名松柏館）、義福、義信、福興、廣福義氣、海山；檳榔嶼方面有義興、大伯公、義福、福勝、海山、福德社、聯義社；麻六甲方面有義興、福明、福勝、義保、海山等。

殖民政府為得到華人支援，曾利用私會黨魁來擔任甲必丹，駕馭華人社會，監督他們並灌輸大英帝國思想。私會黨領袖，當時被會員慣稱為大哥。一般而言，義興以廣府人為主，而海山則以客籍人為主，另外大伯公乃以福建人為主。孫中山組織革命黨，也和私會黨建立了關係。

第四節　華人社會中的商紳階層與華商網絡

從華工為主的移民社會發展到僑團（幫群）和華商網路，是華人移民在海外發展的一個重要歷程。會館則是地緣組織，但實際上是商團發展的標幟，例如潮州幫是從16世紀起，因海上貿易而在東南亞活躍起來的，但開始在東南亞定居的時間卻遲至19世紀以後。定居的標籤，就是東南亞地區潮州會館的設立。[24]華人的經濟力量成為華僑社會發展的最大基礎，僑社的領袖（幫群、社團的負責人）、僑報、僑校的出資創辦人都來自僑商。華商總會會長和中華會館主席常是同一人，有些地區的華商總會的重要性甚至高於中華會館。華僑沒有科舉入仕的為官之路，所以商人階級成為華社的頂層。僑報的編輯、僑校的教師是僑社的知識階層。

由以上會館成立之歷史看，可以發現會館、商會二而一的現象

---

[24] 參見：龔鵬程〈東南亞華人社會的文化變遷〉「臺灣與東南亞：文化文學與社會變遷研討會」，主題演講稿，馬來西亞檳城，2004.04.01。

（如香港潮州商會、印尼的福建公司），以及公會、商會、祭祀會三合一的狀況（如新加坡的福建會館、緬甸的觀音亭），幫權、紳權、神權可謂合一。

東南亞的華人在許多事業、行業領域往往有某一幫群壟斷某些行業與職業之現象；或者說某幫群在某個經濟領域佔據統治的地位。根據十九世紀的資料，在新馬地區，福建人和漳州人大都是店主、商人和香料種植園主；潮州人控制著甘蜜和胡椒經濟；木匠、鐵匠、鞋匠等其他費力氣的工人大都是廣東人。到1950年代時，廣府人大都是餐廳老闆的廚師。而在今日，潮州人則控制了亞洲的食物貿易，如潮州人控制了泰國、馬來西亞、新加坡、寮國以及柬埔寨米的貿易；在新、馬，潮州人也控制了生鮮與海產的貿易，泰國與新加坡之間生鮮食品的貿易網。為理解東南亞華人社會及其經濟活動時，首先應有的認識為：

一、華商網路

在聚居於異國他鄉的同鄉移民之間，必然形成有別於當地社會的離散社群。在這些離散社群中，由於共用原鄉的社會文化傳統，不難建立相對穩定的人際關係與貿易網路。然而，隨著客觀歷史條件的變化，這些離散社群經歷不同的演變過程：有的融入當地社會，有的發展為殖民帝國，有的繼續經營商業貿易，維持社會文化的相對獨立性。

華人社群在廣義的華人離散社群會形成一個鬆散的「華人網路」，外輪廓模糊的華人社會之間的廣泛的經濟、政治、文化和其他聯繫。海外華人與原鄉（中國大陸為主）之間有千絲萬縷的關係，也是這個網路的重要基礎。在狹義的層次上，是指華人在種族、家族、姻親和友誼基礎上形成的人際關係，這種關係被認為提供了對華人資本家和企業家經濟事業至關重要的個人信用和互惠的基礎。

海外華商網路，是華人網路中最重要的一個部分，指的是華商因市場、商品生產和銷售、活動地域、共同利益關係而形成相對穩定的聯繫網路。海外華商經貿網路早在歐洲人到來之前就已存在。就時間和空間而言，肇始於宋元時代（13世紀以後），到15世紀初基本形成，經明清時期熱絡的海上貿易打下更深的基礎。在15-18世紀中，海外華商網路經歷破壞、重建、擴張和發展，形成一個以中國市場為中心，北起日本、中國大陸沿海地區、臺灣，南至東南亞地區的東亞、東南亞商貿網路。

人類學家柯恩（Abner Cohen）使用「離散社群」的概念，研究非洲撒哈拉沙漠周邊地區的貿易網路，提出了「貿易離散社群」（trading diaspora）的理論。柯恩認為，同一群商人在從事遠距離貿易時，必須在貿易路線上建立大大小小的離散社群，而這些離散社群的相互聯結就構成了貿易網路（trade network）。因此，研究國際移民社會中的貿易網路，實際上就是研究貿易離散社群。[25]

美國歷史學家菲力浦‧柯丁（Philip D. Curtin）在《世界歷史上的跨文化貿易》（Cross-cultural Trade in World History）一書中指出：「早期商人到外地經商，必須先學會當地的語言、習俗和交易方式，成為跨文化交流的媒介。」後來的新移民，通常必須依附於早期的同鄉移民，才有可能進入當地的商業領域，逐漸獲得獨立謀生的能力。[26]

王賡武是研究華人貿易網路的先行者，他認為：海外華人社會和在原鄉的社會在社會結構上有相同的差異，海外華人社會大體上分為「商」與「工」兩大群體，加上少數受薪的知識份子的「士」，商人是位於社會的頂層。對照於歐洲人所建立的亞洲貿易

---

[25] 參見陳國棟：《貿易離散社群：Trading Diaspora》，臺北：《中央研究院周報》第1075期2006年。
[26] 菲利普‧D‧柯丁著；鮑晨譯，《世界歷史上的跨文化貿易》（濟南：山東畫報出版社，2009。該書以「離散社群」為主題，貫穿整個世界歷史不同文化民族間的貿易。

網路，背後總有強大的帝國在支持、且居留地的成員擁有返國的權利，相形之下，境外華人住在離散社群，雖可接待原鄉來訪的商工旅人，自己卻回不了國，得不到祖國的關愛，所以他們是一群無帝國支持的商人（Merchants without empires）。可見華人的貿易網路是隨機形成，不是經過精心規劃。[27]由此可見，華商網路在中國大陸改革開放後，成為引資（資本）引智（技術和know how）的重要物件，他們也確實為中國的經濟崛起產生重要作用。

二、臺商網路

　　早在1980年代，臺灣經濟起飛，許多臺商拎著皮箱，跑遍世界推銷MIT（made in Taiwan）的商品，但這些小商人並未發展出一個具體的商業網路。直到臺灣在1990年代李登輝主導啟動的「南進政策」（後改稱「南向政策」），推動經濟投資往東南亞轉移，開始刻意經營東南亞。南向政策結合了外交與經濟政策，目的在為勞力密集的傳統產業找出路，也要減輕對中國大陸的依賴，並意圖使用經濟力量擴張一些政治影響力。

　　第一波南向投資在1993年，1994年中華民國政府通過《加強對東南亞地區經貿合作綱領》，先期包括泰國、馬來西亞、印尼、菲律賓、新加坡、越南、汶萊等七個國家，在經濟交流上得到不錯的效果，但到李登輝時代後期，中國大陸改革開放的群聚效應大幅增強，南向政策漸漸失效，尤其是在1997年亞洲金融風暴後，一度令臺商撤資不少。據經濟部「投資審議委員會」的統計，1987-2008年間，臺灣累計核准對上述東南亞7國的投資高達635.94億美元，投資專案超過8,900件。

　　2000年陳水扁當選總統後，於2002年接續李登輝的南向政策，

---

[27]　王賡武著；姚楠編譯《南洋貿易與南洋華人》中華書局香港分局，1988.04。

呼籲臺商不能過度依賴中國大陸市場，以南向取代西進。規模擴大到東協（Association of Southeast Asian Nations，簡稱ASEAN）10國和南亞的印度。馬英九執政時期（2008-2016）兩岸和解並達成「九二共識」，故未再使用南向政策之名，但仍將東南亞視為重要的新興市場，臺商則繼續南進設廠投資。據統計，自2006年起至2012年4月為止（跨越二個政府），臺灣對東協六國（印尼、馬來西亞、菲律賓、新加坡、泰國與越南）的出口金額持續增加，除2009年，因美國次貸風暴造成全球經濟不景氣、消費需求鈍化的影響下，使得當年臺灣對東協六國出口較前一年減少之外，其餘各年均至少有7%以上的幅度成長；從2006年的306.5億美元，增加至2011年的507.4億美元。[28]2016年蔡英文再度提出，名之為「新南向政策」，範圍擴及印度、澳大利亞和紐西蘭。

表1　臺商在東南亞六國的投資數據（2011-2017）[29]

年份	件數	金額（億美元）
2011	41	11.19
2012	75	57.20
2013	69	21.64
2014	85	10.55
2015	80	33.85
2016	104	22.48
2017	105	28.18

資料來源：經濟部投資審議委員會，2018《107年7月份核准僑外投資、陸資來臺投資、國外投資、對中國大陸投資統計月報》（查閱時間：2018/07/26）。

　　「南進政策」經過20年的發展，為臺灣開啟了第三波移民

---

[28] 黃兆仁〈臺灣與東協主要國家之經貿互動關係〉《臺灣國際研究季刊》第8卷、第3期（2012／秋季號），頁188。

[29] 《2017年海外臺商經濟年鑑——東南亞六國篇》中華民國僑務委員會，2018年。六國是指：越南、馬來西亞、泰國、印尼、新加坡、菲律賓。

潮。[30]在東南亞幾個大城市發展出一些新僑（臺僑）社群，形成東南亞跨國流動的移民或僑民（transnational Chinese or Taiwanese）。1990年至1995年期間，移居東南亞的臺商及其眷屬大約有8萬至10萬人。[31]2008年年底，從臺灣地區（即臺、澎、金、馬）移居東南亞10國的僑民及其後代大約有51.47萬人，[32]而這其中有相當部分是1980年代以來移居東南亞的臺商及其眷屬。

更值得觀察的是，世界性臺商組織的建立。臺商組織從早期一些獨立的地區商會，1995年後，在政府的輔導下發展成有嚴密組織的世界臺商網路。以東南亞的臺商為例，展現出幾個重要的功能和特色：

一、東南亞臺商建立起自成體系的商業網絡：臺灣與東南亞傳統僑社重新聯結。

二、東南亞各國多與臺灣沒有正式邦交，臺商成為臺灣與東盟之間發展公共外交的新興力量。

三、許多臺商企業得以順利發展：期間受到傳統華商和僑生（留臺生）協助，他們居間發揮重要的功能，使得臺灣一度不受重視的僑務和招收僑生的政策重獲肯定。

四、發展出新的僑教模式：成立了5所臺商子弟學校（或稱臺灣學校或臺北學校），其中印尼雅加達臺校（1991）和泗水臺校（1995）最為突出，是在印尼政府尚未對華文教育解禁時就獲得特許成立的。[33]

五、臺商初期以中小企業的製造業為主流，後期有一大部分轉型為服務業和金融業，開始參與當地慈善事業和地方事

---

[30] 顧長永〈臺商在東南亞臺灣移民海外的第三波〉《序言》臺北：麗文文化公司出版，2001年。

[31] 顧長永〈臺灣移民東南亞現象與經濟關係〉《東南亞學刊》第3卷第2期，頁112。

[32] 劉文正〈東南亞臺商協會的建立及其功能分析〉《東南亞縱橫》2011年4月。該文據僑務委員會出版2008年《華僑經濟年鑑》整理。

[33] 東南亞共有五所：吉隆坡臺校、檳吉臺校、雅加達臺校、泗水臺校、胡志明臺校。泰國中華國際學校原先也在其中，後改為國際學校。

務，為落地生根永續經營打下基礎。

　六、大型臺資企業跟進：員工以短期居留（sojourn）為主。

　七、臺商族群形成：臺商子弟（第二代）具有高教育水準，具
　　　有多語言能力。

　　不論歷史悠久的華商網路和發展不到30年的臺商網路，在在顯
示華人移民的商人階級和經濟實力的重要。[34]

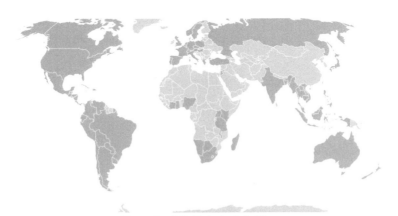

圖1　全球臺灣商會分佈圖

來源：https://www.wtcc.org.tw/world_map

第五節　海外華文報刊介紹

　　華僑用華文印行的報紙是最早出現的華文媒體，當時稱之為
「華僑報紙」。華文報刊的發行，起源於東南亞的傳教士。1815年8

---

[34]　關於臺商更進一步的研究，可參見：蕭新煌、龔宜君〈臺商的歷史、性格與未來發
　　展〉收在：蕭新煌、王宏仁、龔宜君編《臺商在東南亞：網路、認同與全球化》臺
　　北：中研院亞太區域研究專題中心，2002；顧長永〈臺灣移民東南亞現象與經濟關
　　係〉《東南亞學刊》第3卷第2期；古鴻廷《當代華商經貿網路：臺商暨東南亞華
　　商》譯者：莊國土，臺北：稻鄉出版社，2005。

月5日創刊於馬來亞麻六甲《察世俗每月統記傳》（Chinese Monthly Magazine），是世界上第一個以華人為對象的中文近代報刊。以月刊的形式發行。內容主要是宗教，次為新聞、新知識。該刊每期五至七頁，約2,000字，初印500冊，後增至1,000冊，免費在南洋華僑中散發，於1821年停刊，共出80多期。《察世俗每月統記傳》的問世，不僅是華文報業在海外（東南亞）的濫觴，也是中國近代報業的發端。這份由外國傳教士出版的報刊具備了宣傳的意義，迅速引發了本土的仿效者。

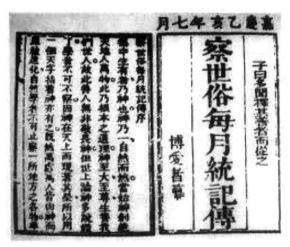

圖2-1　麻六甲《察世俗每月統記傳》

圖2-2　新加坡《叻報》報頭

1854年在美國三藩市出版的《金山日新錄》，是世界上第一份具有現代報紙各種特徵的華文報紙。[35]東南亞地區最早出現的華僑報紙，是新加坡僑福建籍薛有禮（1851-1906）1881年12月創辦的《叻報》。從創刊日起至1932年3月停辦，共刊行了52年。是戰前新加坡出版和行銷最久的中文日報。《叻報》也是研究戰前新加坡以及當時華人的珍貴史料。[36]

　　辛亥革命前後是華僑報紙發展的第一高峰期，這與清末的政治運動有密切關係。華文報刊或擴大稱為華文媒體，最主要功能就是輿論導向功能，具有很強的政治目的性和政治功利性。早在戊戌變法之前，維新派領袖康有為、梁啟超等為了宣傳其政治主張、爭取海外華僑的支持，在國內大張旗鼓地成立學會、創辦報刊。戊戌變法失敗後，他們辦報的主陣地移到了海外。維新派在日本橫濱創刊的《清議報》（1898）《新民叢報》（1902），都是梁啟超主編。宣傳維新變法、保皇立憲。同時在北美還有檀香山的《新中國報》（1900）、溫哥華的《日新報》（1903）；東南亞有新加坡的《天南日報》、仰光的《商務報》等，幾乎壟斷了華人社會的言論市場。孫中山領導的革命派也在1904年後積極辦報，把報刊作為革命宣傳的重要工具，並和保皇派在海外展開了論戰。新加坡陳楚楠、張永福創辦的《圖南日報》（1904）有「南洋黨報之元祖」之稱。日本東京的《民報》（1905）先後由胡漢民、章太炎、陶成章、汪精衛等擔任主編，均為一時俊彥。《民報》與《新民叢報》在日本的論戰，也是近代中國政治思想史的重要事件。

---

[35] 1854年4月22日美國人威廉・霍華德（William Howard）在三藩市創辦的《金山日新錄》（The Golden Hills News），發行對像是因淘金熱蜂湧而至的華人華工。

[36] 參見：支婧茹〈東南亞華文報紙的出現——以新加坡〈叻報〉為例〉《今傳媒》2012.10.05。

圖3　《新民叢報》封面和《民報》第一期封面及發刊詞

　　1907年新加坡《中興日報》是同盟會在辛亥革命時期東南亞力量最雄厚、影響最大的革命派報紙。與保皇派掌權後的《南洋總匯報》[37]展開激烈論戰。太平洋彼岸則為1883年廣東華僑程蔚南在檀香山創辦的《隆訊報》，原是刊登商情和鄉情的僑報。1904年初，孫中山將其改名為《檀香山報》，與當時保皇黨人辦的《新中國報》論戰。這一段革命派與保皇派在海外華文報刊掀起思想言論的論戰與經營權的爭奪，競爭白熱化，也使得海外華文報紙具有與政治勢力結合的傳統。

---

[37]　《南洋總匯報》前身是1904年陳楚楠等創刊的《圖南日報》，1906年2月轉入保皇派商人手中，康有為弟子歐榘甲等把持改名，陳楚楠等同盟會員退出後另辦《中興日報》。

華文報刊發展的第二個高峰期是在二戰前後。戰前在新加坡創刊的《南洋商報》（1923）《星洲日報》（1929），對華人的文化傳承，鼓勵文學的創作，以及對華僑抗日的動員，都扮演極為重要的角色。[38]但1930年代抗戰前後，因為中共開始在僑社發展組織，宣傳抗日、反內戰和反蔣，華文報紙再度成政治勢力的必爭之地。日本佔領東南亞期間大部分僑報停刊，戰後的10多年間又有一次大發展的高潮。如馬來亞《戰友報》和《民聲報》、菲律賓《華僑導報》、泰國《真話報》、《反攻報》和《中國人報》等立即公開發行。原有報紙紛紛復刊外，更有一批新報，如：新加坡《中國報》、《新民主報》、《南僑日報》，仰光《中國日報》、《人民報》，巴城《生活報》，棉蘭《自由報》，曼谷《全民報》等陸續創辦。這些在僑社普遍發行的華文報紙。

　　在20世紀50年代，分佈在25個國家和地區的華僑報紙共有125種，其中70%以上集中在東南亞地區。和華僑學校一樣，1960年代以後，這些報紙的性質絕大多數從僑民的出版物轉變為當地華裔公民或本國公民主辦的中文傳播媒介，遂被稱為「華文報紙」。北京清華大學出版社2009年出版的《海外華文網路媒體——跨文化語境》[39]一書，根據大眾傳播學基本原理，以媒介市場和受眾劃分，將海外華文媒體作為一個獨立的具有跨文化傳播特徵的特殊大眾傳播媒介體系進行研究，為研究和分析海外華文媒體的基本特徵及其發展規律開拓了新思路。不同的社會，有不同的社會文化和生活習慣，會產生特定的「文化語境」。華文媒體對華人社會文化語境的

---

[38]　「從19世紀末出使南洋的黃遵憲，到寓居新加坡的邱菽園，再到漂流東南亞的鬱達夫，小駐新加坡的老舍，都曾經為文記錄他們的馬、新經驗，也都被視為中國文學的域外插曲。」參見：王德威〈華語語系文學：邊界想像與越界建構〉《中山大學學報：社會科學版》2006，46(5)：頁6-9。鬱達夫在新加坡期間撰文頗豐，學者秦賢次整理為〈鬱達夫南洋隨筆〉《鬱達夫抗戰文錄》（臺北：洪範書店，1978初版）二書。

[39]　李大玖編著《海外華文網路媒體——跨文化語境》北京：清華大學出版社，2009.09。

保持與延續，具有重要的功能。

以發行長達52年的《叻報》（1881-1932）為例，它的話語長期反映了海峽殖民地的華商階層和華裔大眾兩大群體，是他們用以自我表達的最早的話語形式。其功能如：首先，《叻報》對早期離散華人（Chinese Diaspora）構建自我身分的主要媒介。其次，這套話語打造了一個海外華人的公共領域，讓很多東南亞華人通過資訊交流培養了一種共同認可的族群意識。第三，最為重要的是，這套話語是當時海峽殖民地的華商階級維護其經濟利益、維繫其所需的政治秩序的重要工具。[40]

華文報紙在19世紀末和20世紀初，與新式學堂同時成為華僑社會文化的一大特色，逐漸與華人社團鼎足而立，成為僑社的三大支柱之一。華文報紙在華人社會具有極為重要的功能，它除了是建構族群認同的重要工具，也強化了僑社與僑鄉（母國）之間的橫向聯繫。

第六節　小結

華僑社會僑團的領袖，幾乎都出自事業有成的商人，他們同時會積極辦報和贊助華文教育。華文報紙宣傳其商品，同時主導了大眾輿論維持其僑社的地位；創辦或捐助華文學校，一方面樹立其慈善形象，也為發展事業培養人才。華校體系的師生也成為華文媒體永續經營最主要的消費者。華文教育需依賴華文報和華人社團籌募辦學經費，而華人社團或鄉團每年舉辦的獎學金頒發、商會理事改選等活動，或是政治、經濟上的訴求，也需仰賴華文報刊廣為宣傳和動員。假如缺乏了華人社團籌款贊助，華社就無法繼續辦學傳承

---

[40] 參見：藍峰〈南洋《叻報》：早期流散傳媒的話語特徵及華族的身分構建〉《文學人類學研究》2019(02)：180-193。該文的「流散」一詞來自diaspora的概念，本文引用時改用「離散」。

華文教育；同樣的，若無華文教育或華人社團，華文報將失去最重要的讀者來源，報紙也無法繼續出版，可謂三者之間缺一不可，各司其責、各具功能，相輔相成。

第二章
華僑政策與華僑教育體系的建立

　　華文教育在東南亞超過300年的歷史，但都屬於私塾教育或傳統的書院。本文論述的華文教育是指19世紀末（清末民初）開始在華人社會發展以新式教育為內容的教育體系，大都已超過100年以上的歷史。華僑的新式教育最初用「學堂」後改用「學校」；一開始為方言教學，五四之後逐漸調整，1927年之後普遍用國語教學。

　　從19世紀末到20世紀中的五六十年代，採取新式教育的華僑學校廣泛的發展，是海外華人社會發展的一件大事，象徵著華僑社會的人口和經濟實力已到了相當成熟的階段。僑校遂與僑團、僑報並列，成為僑社的第三大支柱。清末開明的地方督撫或有海外經驗的知識份子都感受到了這個趨勢，並主張對華僑在海外辦學給予支持，康有為及其弟子率先在海外僑社鼓吹興學，孫中山的革命黨也急起直追。清政府雖晚了半拍，但畢竟是有國家資源和駐外使領館，也推出了許多獎勵政策給予實際支持。

　　華文教育體系在歷經清末的變革、民國時期，不同政府的政策，基本上都視之為國民教育在海外的延伸，在國內的支持和海外僑社雙管齊下努力中，逐漸建立了一個特殊的僑教體系。1960年代以前是以「僑民教育」或「華僑教育」稱之，華僑辦的學校稱之為「僑校」。

第一節　現代華文教育的興起

　　清末的自強運動與康有為的維新變法都主張廢科舉、興學堂、改革教育成為知識界的共識，也是清政府在戊戌後推行新政的主要內容之一。在較先進發達的大城市開始設新式的學堂。[1]部分開明的官員和民間的有志之士已比政府早一步興辦新式學堂，如張之洞的自強學堂（1893設立，1902年改名為方言學堂，後來武漢大學的前身）、三江師範學堂（南京大學）、湖北農務學堂（華中農業大學）[2]、盛宣懷在上海辦的南洋公學（1896）；孫詒讓在溫州創辦的里安學計館（1896）[3]，葉澄衷的澄衷學堂（1901）、嚴修、張伯苓在天津創辦敬業中學堂（1904）；羅振玉1901年在上海創辦第一份教育專業期刊《教育世界》，刊載了大量日本各級各類學堂規程，以及中國官紳考察日本學務的遊記，成為學界瞭解以日本為主的外國近代教育的最重要管道。創辦新學的風氣很快就影響了海外華僑社會，規模較大的華埠紛紛成立新式的學堂，官方主導的有三藩市的金山中西學堂（1888）和馬尼拉小呂宋大清中西學堂（1899）；僑社自主的則以日本橫濱的大同學校（1898）率先效

---

[1]　清廷推出的一系列措施也促使地方士紳參與新式學堂的建設。學堂初興之時，清廷實行了科名獎勵制度。光緒27年（1901）年底，政務處、禮部會奏定《學堂選舉鼓勵章程》提倡興學事宜，規定凡由學堂畢業考試合格者，均給予貢生、舉人、進士出身。1905年科試廢止，但科名獎勵制度一直實行到1911年。參見：陳敏〈清末士紳在新式教育領域內的活動〉《安慶師範學院學報》（社會科學版），2003(06)：頁105。

[2]　張之洞並於光緒十年（1884）任兩廣總督時，先後開設廣雅書院、水陸師學堂，並創設槍砲兵工廠、礦務局。十五年（1889）調湖廣總督；四年後，兼署湖北巡撫，創設兩湖書院、自強學堂、武備學堂。二十一年（1895），任兩江總督；組織「江南自強軍」，普設軍事、農、工、商、鐵路、方言、軍醫等學堂。不久，仍返兩湖任職；廣設小學、中學、高等學堂、兩級師範學堂、實業學堂。光緒24年發表《勸學篇》，提倡新學，獎勵遊學（留學）。

[3]　孫詒讓在溫州一帶親手創辦的學堂就有20餘所。張彬〈浙江教育近代化的先驅者孫詒讓〉《浙江大學學報》（人文社會科學版），1999(01)：頁34-38。

尤，繼而有雅加達巴城中華會館中華學校（1901），馬來亞檳城的孔聖會中華學校（1904）、吉隆坡尊孔學校（1906）等等。

　　康有為弟子在戊戌政變前後來到日本，參與並主導橫濱大同學校的創立，對華僑教育的現代化具有很深的影響。康有為和康門弟子後來為發展保皇會的組織，從1898-1911年間遍訪華人社會，興學辦報，將大同學校的辦學模式和自編的教科書傳播到東南亞、北美和澳大利亞的僑社。[4]

圖4　1903年康有為（白衣）訪問雅加達中華會館。

（來源：八華學校115周年誕辰紀念刊）

圖5　印尼雅加達中華會館中華學堂[5]

---

[4]　任弘〈橫濱大同學校：現代海外華僑學校的發軔與「維新學制」典範〉，「第一屆華語教學發展史國際研討會」，新竹：臺灣清華大學，2020年12月。後收錄在《紀念董鵬程先生論文集》臺北：世界華語文教育學會，2021

[5]　圖片年代不詳，取材自：〈爪哇島唯一傳承百年長盛不衰的華人世家——梁世楨和

第二節　清政府對僑教的扶持

在清末洋務運動時期，因為有蒲安臣條約的簽訂（1868）[6]和調查古巴、秘魯華工之後簽訂《中秘會議專條》以及《中秘移民通商條約十九款》（1874），華人移民（主要是華工）的權益，逐漸獲得保障。清廷明令改總理各國事務衙門為外務部（1901），設立商部（1903），採納張弼士（字振勳）勸設商會，招攬僑資的建議。[7]從張弼士勸導新加坡紳商設立中華商務總會（1905），1907年和荷印政府商議設領，1909制訂《大清國籍條例》，[8]到「南洋勸業會」（1910）的辦理，清末的僑民概念才進入法制化的管理，逐漸形成了一個粗具雛形的僑務政策。

在關注僑民利益的過程中，清廷也逐步開始重視華僑教育問題，認為華僑教育不僅能夠「發其愛國之心，俾知孔教淵源」，還能夠「端趨向而正人心，俾知朝廷覆載之恩無遠弗屆」。[9]受到康梁在海外僑社興學辦報的刺激，清廷採取了一些有助於僑教發展的措施。在清末最後10年左右，清廷對華僑教育的輔導和獎勵，力度非常大，辦學的成效是康梁及革命黨人所不能比擬的，但因為受到革命宣傳的影響，許多清政府的努力未得到持平的歷史評價。

他的家族往事〉《印尼頭條》網頁，https://id.toutiaosg.com，圖片來源：《丁劍印尼紀事》微博。

[6]　《蒲安臣條約》（the Burlingame Treaty）正式名稱為《中美天津條約續增條約》，1868年7月28日，清朝全權特使蒲安臣（Anson Burlingame, 1820-1870）和美國國務卿西華德（William Henry Seward）分別代表中美兩國政府簽訂，是中國近代史上首個對等條約。

[7]　朱慶〈新加坡中華商務總會的籌設與成立〉《八桂僑刊》2019(02)：頁34-41。

[8]　李章鵬〈中荷設領談判與華僑國籍問題交涉（1907-1911）〉《近代史研究》2019(04)：47-63。

[9]　朱壽明《光緒朝東華錄》（第五冊），中華書局，1958：頁5614-5615。

一、使臣兼負勸學使命

　　清廷的第一個重要政策是責成駐外領事在僑社勸學並管理華僑學務。根據清廷的指示，大部分駐外使節都積極致力於華僑教育事業：有的帶頭為即將設立的華僑學堂捐款，有的則是在領事館內辦起華僑學堂。如駐新加坡領事左秉隆組織「會賢社」，在領事館內每月出題課士，並常常親自閱卷。菲律賓總領事陳綱於1899年4月在領事館內開辦了小呂宋學堂。

　　僑商出身的張弼士（字振勳）表現最為突出。光緒三十年（1904），張振勳受命為考察南洋商務大臣，他除了勸辦商會，宣傳清朝保護華商的政策以外，也力促建立華文學校。1905年當時檳榔嶼新式學校中華學校始建立一年，係由張振勳和當地富商胡國廉、謝榮光各出5,000元開辦，張振勳並受命管理該校，他攜帶御書「聲教暨南」的匾額，懸掛於中華學校以資鼓勵，並以《圖書集成》一部儲於該校，又集當地華人紳商，商量籌集辦學經費。當時在會上即席發表感人的演說，且率先捐5萬元作為開辦經費，並說明願支付常年經費1,200元，一時群情激昂，即席籌集十數萬元，並公推檳城富商、花翎鹽運使銜胡國廉為正監督，花翎同知銜林汝舟為副監督。[10]這一連串的舉措接踵而來，隨即開啟了清廷對僑校的獎勵模式。

　　張振勳從檳城再到新加坡考察商務，當時新加坡尚無正式學校。張振勳向當地華人紳商宣傳新式華文教育的重要性，呼籲僑領積極籌辦新式學校。光緒三十一年（1905）元月三十日，養正學堂成立，發起人為新加坡富商吳壽珍、陳楚楠等，是為閩僑創建的學

---

[10]　《商務官報》光緒三十四年十一月初一，臺北：國立故宮博物院影印版，第10冊，民國71年（1982）。引自：莊國土〈晚清政府的興學措施與海外華文教育的發展〉《華僑華人歷史研究》1990(03)：22-28，頁23。

校。同年3月6日，粵僑趙沛堂等創設廣肇學堂。次年，客屬華人成立啟發學校，校董為藍森堂、陳龍令等。同年，潮屬華僑成立端蒙學堂，由潮僑義安公司負常年經費，發起者是陳雲秋、廖正興等。

光緒三十三年（1907），閩僑又創辦了道南學校，發起人為吳壽珍、張善慶、李清淵等。道南學校規模宏大，學生數百人，在清朝學部登記註冊，並派遣學生返國升學。到宣統二年（1909），閩僑黃仲涵還出資購買亞迷連街（Armenian）39號為道南學校校址，隔年再捐款四、五萬建設校舍。宣統二年，瓊僑王紹經、黃可輝等發起創辦育英學校。[11]這一連串的興學運動，清廷的鼓勵堪稱功不可沒。

1907年，楊士琦受命為考察南洋商務大臣。楊與張振勳一樣，每到一處，即向華僑宣傳朝廷的護僑政策。原則是：若無僑校，就鼓吹辦校，有僑校則登壇演講，策略是「所到各學堂均酌給獎賞以資鼓勵。總期為朝廷多布一分德澤，即為僑民多添一分感情。」[12]清末十年，政府各類使臣及各駐外使領都或多或少地為振興華僑教育做出過貢獻。

二、派遣巡學視學的專使輔導僑校

清末伴隨康梁保皇黨和孫中山的革命運動在海外僑社的發展，清廷不論中央和地方督撫都非常注意華僑社會的經營，以期「維僑情而弭隱患」，[13]學部和幾個有較多僑民和留學生的省份，如湖

---

[11] 唐青編著《新加坡華文教育》臺北：華僑出版社，民國53年（1964），頁45-47。

[12] 《奏設政治官報》光緒三十四年三月初一，臺北：文海出版社影印版，第7冊，民國54年（1965）。引自：黃小用〈20世紀初年清政府對海外華人教育的扶持〉《湘潭大學學報》（哲學社會科學版），2004(02)：64-68，頁65。

[13] 「維僑情而弭隱患」出自《清實錄光緒朝實錄》卷之五百七十七，光緒三十三年。「兩江總督端方奏。南洋商會成立，派大員前往查查。海外僑民，歡忻頌禱，惟近亦有被逆黨煽惑剪辮改裝者。朝廷銳意維新，方實行豫備立憲，而逆黨則以政府腐敗，聳人聽聞。朝廷消弭內訌，方力除滿漢畛域，而逆黨則以種族不同，造為邪

廣、閩浙、兩廣總督，不斷派員到海外視學察學。

清廷派往海外的第一個視學專使是劉士驥（1857-1909）。1905年，兩廣總督岑春煊派廣西知事劉士驥前往南洋英、荷所屬各埠。劉每到一處，便通過實地考察與座談瞭解南洋辦學情況，並於次年召集印尼各地僑校校董於萬隆，就僑校的有關辦學事宜舉行了第一次有關華僑教育的大型會議，共商僑校的相互關係和辦學章程的統一問題。劉回國後，即將考察所得報與粵督岑春煊。粵督旋即又於1906年8月派汪鳳翔為荷屬東印度華僑勸學總督兼視學員駐紮於巴達維亞。汪鑒於南洋中華學校「局於道途，招延教習，匪易得人，其於管理教授，難保無參差不齊，或則疏缺不備之差異。」[14]其到任不久便制定一份《爪哇學堂章程》作為統一各僑校的標準，同時改「中華總會」為「爪哇學務總會」，作為管理華僑教育的專門機構。於是爪哇全島都有華僑助學所，新加坡、檳榔嶼亦比照成立勸學所。

繼地方督府之後，北京的學部也在1906年委派錢恂（1853-1927）和董鴻禕（1878-1916）前往南洋各埠視學，推行學部章程。隨後，董被朝廷命為南洋各島視學員。1908年，梁慶桂（1856-1931）奉學部之命赴北美籌辦僑民興學事宜。抵美後，梁組建華僑學務公所，召開華商、會館僑領代表大會，致力籌建僑校。梁先後在三藩市、芝加哥、波特蘭、西雅圖、紐約、溫哥華、維多利亞等地開設僑民學堂。[15]

說。兩宮母子一心，慈孝無間，而逆黨則故作疑似之辭，以為搖惑人心之計。善政既遠於傳聞，謬種乃易於散播。應派考查大臣前赴各島時，廣布朝廷德意，宣示年來力圖富強政策，以維僑情而弭隱患。得旨、著交楊士琦閱看。」
[14] 舒新城《近代中國教育史料》（第二冊），上海：上海書店，1928年，頁179。
[15] 方玉芬〈試析清末民初華僑教育考察的歷史及影響〉《八桂僑刊》2008(03)：9-12，頁11。

三、獎勵華僑捐資興學

為喚起海外華僑的辦學熱情，清政府採取多種獎勵措施。1905年，清政府設學部，制定《報效學費章程》，規定捐資興學者「照賑捐的五成核算，授予虛銜」。[16]因孔子位列文教之聖祖地位，所以對於捐資興修學宮、孔廟者理當在獎勵之列。對於海外辦學成績突出者，朝廷也予以獎賞。例如，日本橫濱大同學校因辦學效果好，前後畢業及在校學生合計有一千餘人，朝廷特授予御書匾額一方，掛於校中，供師生瞻仰，以示政府「振興學務」之意。[17]對這所由康有為弟子創辦的學校，實有刻意拉攏之意。

到1909年，清政府獎勵華僑捐資興學的標準由原先的「五成」降低到「二成」核算。[18]因此激發了華僑興學的積極性與熱忱心。這一點可從兩廣總督張人俊所奏《南洋紳商捐款興學請獎摺》中知其概況：

> ……南洋英屬各島華僑百萬，……各紳商慨捐鉅款，興辦學堂。……查該紳商僑居南洋各埠，不忘祖國，奮志興學，捐助經費，實屬深明大義，自應優予給獎，以示鼓勵。……（其）捐銀已至千兩，或僅止千元，數目雖有參差，惟係僑商外洋如此熱心興學，較內地商民可謂尤為難得，自應援案給獎，擬請均准建立專坊，給予急公興學字樣，以昭鼓舞。[19]

---

[16] 《政治官報》光緒34年正月十三日，第5冊。
[17] 《政治官報》宣統三年三月二十九日，第43冊。
[18] 《政治官報》宣統三年九月十五日，第51冊。
[19] 《政治官報》光緒三十四年正月十三日，第4冊。

清政府的興學獎勵措施對於促進海外華人教育的發展確實起到了不可低估的激勵作用。[20]

四、准予華僑學堂立案，為僑校學子開入仕之路

清政府一方面不斷派員巡查華僑學務，因地因勢統籌聯絡僑情，最後並試圖制度化的管理僑校。一旦通過規定華僑學堂的教育宗旨，准予僑校立案後，隨之頒佈華僑學堂規則，循此等途徑，把華僑教育納入清末的教育系統之中，加強對華僑教育的全面管理。如前面談到汪鳳翔設立的爪哇學務總會就是管理華僑教育的專門機構，該會的宗旨和會章，明確要求加入該會的各地僑校每年將僑校情況呈報學務總會，再由學務總會向清學部彙報。[21]到了末代的宣統朝，清政府還頒佈法令（1910）：「如有在外大書院肄業，精通專門之學，領有憑契者或者著有成書者，准由各使臣認真訪查，分別等第諮送回華，由政務處奏請簡派臣，按其所學，分門考試，交卷後帶領引見，聽候錄取，試以進士、舉人、貢生各科，因其實在勞績，則重予擢用。」[22]為僑校學子開了入仕之路，這是莫大之鼓勵。

而後民族意識日益興起，海外僑校難以發展更高學歷的學校下，一些海外華僑表達了要求回國學習祖國文化的願望。1906年錢恂（時任駐荷蘭公使館參贊）等赴南洋調查學務時，即電諮兩江總督端方，就華僑子弟20多人要求回國就讀一事與之協商。端方奏准設立暨南學堂於南京鼓樓薛家巷，計畫招收南洋各島及檀香山、三藩市等處僑民子弟。1907年2月，南洋總視學董鴻禕帶第一批爪哇僑生入學。1908年，第二批爪哇學生到達南京，然該批學生水準參

---

[20] 同註12，黃小用2004，頁65。

[21] 劉利《論晚清時期的華僑教育》《暨南大學華文學院學報》2007(04)：1-7，頁5。

[22] 《大清宣統新法令》（第十一冊），上海：上海商務印務館，1910年。引自：劉利2007，頁5。

差不齊。

　　1917年學堂改制為國立暨南學校，開辦中學，附設高等小學，並先後開設過師範、商業兩科和補習班。所需銀費由閩粵海關撥給。改辦以後，學校章程明確，管理有方，辦學效果蜚聲海外。新加坡總領事左秉隆稟請端方准允新加坡各僑校學生回國入校，從此，南洋各校爭相輸送子弟入校。

圖6　端方和第一批回國僑生合影，1907年2月底

　　暨南學堂從創建到第一次停辦，前後歷時7年。當時的僑校限於師資，最多只辦到小學，暨南學堂為華僑學校的學子提供了一個升學之路，為中國的僑教開創了一特殊的「僑生教育」體系，使海外華文教育得以和國內教育接軌，華僑子弟皆以到暨南學堂求學為榮。

　　惜清政府以上各項措施，因1912年辛亥武昌的一聲槍響都落幕了。

第三節　民國初年的僑教發展

　　民國成立後，南洋各地加快了興學的腳步，僑社中的大埠相繼建立華僑教育機構。如：1911年「爪哇學務總會」更名為「荷印

華僑學務總會」，統一領導荷屬東印度地區的華僑教育事宜；1912馬來亞設立學務總會；1913年檳榔嶼成立華僑教育會；1914年在新加坡成立英屬華僑學務總會，作為英屬馬來群島僑校統一的監督機關；1914年在馬尼拉成立了菲律賓華僑教育會。

北洋政府時期，上海是歸僑聚集的城市，一些華僑革命黨人吳世榮（檳城）、白蘋洲（巴達維亞）、莊嘯國（泗水）等人1912年2月在上海成立了「華僑聯合會」，同年7月至8月北京教育部召開「臨時教育會議」，白蘋洲和劉士木（檳城）共同在會中提案《籌畫南洋華僑教育草案》。「華僑聯合會」得到革命黨系統的僑領回應，在海外蓬勃發展，主要僑社紛紛成立分會。次年，1913年11月在上海出版發行《華僑雜誌》。[23]

後因袁世凱當政和反袁運動，許多華僑返回僑居地，聯合會一度沉寂。直到1919年4月，時任復旦大學校長的印尼歸僑李登輝（1872-1947）[24]組織臨時幹事部，整頓會務，促使華僑聯合會再現生機，並積極參與五四運動後的抵制日貨活動，華盛頓會議前，李登輝和張季鸞等人成立全國國民外交大會，是當時國民外交運動中重要之力量。雖民初政局不穩定，然華僑教育仍受重視。

民國政府承繼清末遺緒，視僑民教育為政府的責任，對華僑學校進行管理和調查。華僑眾多的廣東、福建兩省早在1912年分別指派曾揖馨、鄭貞文和陳鴻祺學務委員到南洋各地視察華僑教育並調查僑校情況。北京教育部頒佈了相關措施：1913年2月23日，公佈《領事管理華僑學務規程》的五十七號部令，與外交部商定：委託駐外領事館兼管華僑學校。1914年2月6日，公佈《僑民子弟回國就學規程》的

---

[23] 華僑聯合會在1913年改組，新當選的報務科主任連雅堂、協任廖嗣蘭隨即向總會提議出版《華僑雜誌》，還獲得孫中山的支持和捐助。參見：夏斯雲〈民初華僑聯合會述論〉《華僑華人歷史研究》2009(02)：頁36-44。

[24] 李登輝（1872-1947）字騰飛，福建同安人，出生於荷屬爪哇島（今印尼），印尼第七代華裔，畢業於美國耶魯大學。曾協助印尼中華會館學校辦英文部，1905年到上海。後任復旦大學校長23年（1913-1936）。

第九號部令，並且制訂華僑學校簡明調查表格，命令各駐外領事館填寫，報教育部立案。政府初步掌握了海外僑校的概況（參見下表）。

1915年，北京教育部派了好幾批學者赴海外考察教育和僑校，高登鯉、梁家義兩人為駐荷印（即印尼）僑校視察員。但他們到了爪哇泗水後，卻和振文學校教員發生衝突，不久即返國。1916年教育部改派熊理到荷印各地調查華校情況。[25]1916年章太炎在泗水發表了《主人教育和奴隸教育問題》的演講。

最具意義的是教育部委派黃炎培（1878-1965）三度赴海外考察調查華僑教育。[26]第一次出訪從1917年五至八月，黃炎培偕林鼎華[27]由新加坡而馬來半島，經柔佛、麻六甲、麻坡、吉隆坡、及其附近各埠，乃至怡保、檳榔嶼，渡海至蘇門答臘之棉蘭及其附近各埠，遂至爪哇。由巴達維亞、茂物、士甲巫眉、萬隆、牙律、日惹、梭羅而至三寶壟、泗水。黃炎培並參與荷屬學務總會所組織之教育研討會。[28]

表2　1915年已設僑民學校及僑生人數不完全統計表[29]

僑校所在地	日本	朝鮮	英屬加拿大	美國	英屬緬甸	英屬南洋各島	法屬越南	美屬南洋各島	英屬澳洲
學校數	6	5	5	6	17	58	1	5	3
學生數	1081	150	183	314	840	4783	131	650	62

[25]　《先驅者的腳印》頁129。

[26]　田正平〈論民國時期的中外人士教育考察——以1912年至1937年為中心〉《社會科學戰線》2004(03)：170-179，黃炎培第二次出訪1918.12-1919.5；第三次1921.1.30-1921.5.18。

[27]　林鼎華，前清秀才，1923年任福建省實業廳長，海外華僑委員會主席，新加坡華僑福州會館總理。

[28]　黃炎培〈南洋華僑教育商榷書〉收在中華職業教育社編《黃炎培教育文集》第二篇，北京：中國文史出版社，1994年，頁194。

[29]　〈已設僑民學校及僑生人數統計表〉《教育雜誌》第14卷第一號，民國11（1922）年1月。引自：方玉芬〈試析清末民初華僑教育考察的歷史及影響〉《八桂僑刊》2008(03)：9-12，第11頁。本表未統計到荷印地區的僑校，周南京依據溫廣益、蔡仁龍等編著的《印尼華僑史》北京：海洋出版社，1985。統計出印尼在1915年共有280所學僑校，16499位學生，為各地之冠。參見：周南京〈印尼泗水華文教育的歷史沿革〉《八桂僑刊》2003(01)：1-8，第2頁。這也是黃炎培要親赴印尼考查的重要原因。

荷印華僑學務總會召開了兩次研討華僑教育的會議，第一次會議於1917年7月在東爪哇泗水福建公祠舉行。黃炎培在會上作《華僑教育上的要點》的講演，就如何改良華僑教育以及如何促進教學品質的提高，和與會代表（62埠，66所學校，78教員）進行了為期四天四夜的討論。會議通過了12項決議，制定了華僑課程標準，戒用體罰、廢止預科制等。會議中的決議，黃炎培認為最有大價值者，是對華校教材的調查：

> 夫南洋各校現行教科書之不適用，盡人能言之。國文之四時寒暑，南洋不同也。理科開卷之梅桃，南洋無有也。彌望皆是之檳榔、椰子，富源所在之橡林、錫礦，並其名而無之。以及度量衡、貨幣制度之不同，地理、歷史需要性質之各異，以故改編南洋適當之教科書，誠為一切要問題。雖然，所謂不適當者其材料也。非先將南洋特別之材料，詳確調查，無論官府私家，舉無下手處。而負此調查之責者，誰最相宜乎，是莫宜於各校教員與學生矣。為教員者，固當周知社會狀況，供教科之參考，督其學生分任調查，以資曆練，豈非課外作業之極好機會乎。抑豈惟南洋為然，內國教育家，倘亦有取於是。[30]

　　這是一段極為精彩的論述，今日提倡的國別化教材，黃炎培在100年前已有此遠見，可說是積極推動華校講國語和發展職業教育的先驅，而後荷印華僑學務總會也委派他作為印尼華僑教育界的代

---

[30] 黃炎培〈南洋荷屬華僑教育研究會之盛況〉《教育雜誌》第9卷10期，民國6（1917）年10月。收在《黃炎培教育文集》第二卷，北京：中國文史出版社，1994年，頁192-193。

表，出席了在中國召開的全國教育聯合會會議。[31]

　　荷印華僑學務總會在1919年1月1日召開第二次荷印各華校董事代表大會。在大會召開期間同時舉辦第二次荷印華校學生成績展覽會。這次展出的目的，是想增強各校董事辦學的信心。參加展出的華校有54所，比1917年第一次參展的40所華校增加了15所。展品共7,105件，包括學生作文、書法、中西式簿記，以及男女學生的工藝作品。[32]

　　1926年2月，劉士木等人發起在上海成立了一個《華僑教育協會》的民間團體。其宗旨為：「協助華僑教育之發展，增進僑民之文化事業。」[33]

第四節　南京國民政府對僑教重視與輔導

　　南方的廣東國民政府早在1926年8月，就公佈了僑務委員會組織條例，規定國民政府僑務委員會須「指導、監督海外華僑政治、經濟、社會及教育等團體之組織進行事項」、「指導華僑子弟之回國就學」和「指導、監督海外華僑各種社團、學校及報館的組織、註冊等事項」。[34]10月，僑務委員會成立，作為華僑事務的主管機構（該委員會最初直屬於國民政府，1932年劃歸行政院管轄）。1927年南京政府成立後，較以往更積極輔導海外華僑的教育體系，除在中央成立專責行政機關，黨政各中央機構也陸續頒行一系列

---

[31]　學務總會於1916年選派黃炎培，1918年選派趙正平、1919年選派熊理三次參加中國全國教育聯合會會議。參見：〈華教功臣陳顯源（下）〉印尼《新報》2019年7月19日；黃昆章〈重視海外華僑華人歷史文獻的搜集與整理——以中國名人關注印尼華僑教育為例〉[J]，八桂僑刊，2006(02)：頁32-35。

[32]　《先驅者的腳印》頁164。

[33]　〈華僑聯合會過去一年之略史〉《華僑雜誌》第二期，1913年12月印行。

[34]　中國第二歷史檔案館《中華民國史檔案資料彙編》第四輯（一），江蘇古籍出版社，1991年，第73頁。參見：包愛芹〈南京國民政府的華僑教育政策與措施〉《華僑華人歷史研究》2006(04)。

有關華僑教育的政策與法規，使得發展30年的現代華教體系確立了
「僑民教育」的特色。

　　1927年夏，國民政府將暨南學校提升為國立暨南大學，委任
鄭洪年（1875-1958）出任校長。[35]鄭校長上任伊始便在9月21日成
立「國立暨南大學南洋文化教育事業部」，1928年事業部改組，前
所提及的劉士木擔任文化股主任，辦理關於促進南洋華僑文化事
宜。[36]1929年暨南大學組織召集了「南洋華僑教育會議」，6月6-12
日，在上海國立暨南大學真如校區召開，出席代表78人，著錄議案
261件，這是我國國內召集的第一次統一的華僑教育會議。大會召
開的目的在謀求華僑「教育行政之統一，教材之適宜，經費之確
定，師資之養成，升學之指導，辦學人員之獎勵，華僑美德之保
存，愛國觀念之加深，與夫一切環境上之適應。」[37]

　　王賡武認為，南洋文化教育事業部成立和出版刊物《南洋研
究》乃是「促使中國政府更積極地捲入東南亞事務的這個強大的運
動的最高潮。」[38]南京政府重視僑教，為華僑的教育體系奠定堅實
的基礎。民國17年（1928）特設「華僑委員會」專司其事。1929年
教育部指定專營教育的大學院在南京附設設置「華僑教育設計委員
會」，負責有關僑教事宜，委員有周啟剛、鄭洪年、鍾榮光等人。
華僑教育委員會成立後，公佈《華僑子弟回國就學辦法》。同年，
教育部頒佈《駐外領事經理華僑教育行政規程》是承繼清末以來的

---

[35] 鄭洪年，廣東番禺人，端方創立暨南學堂時，鄭在兩江總督學務處任職，對學堂的
　　籌備和創建過程中發揮了重要作用，指派他為首任堂長（庶務長）。
[36] 趙燦鵬〈暨南大學南洋文化事業部的歷史沿革〉《東南亞研究》2007(06)：5-12，羅
　　晃潮《劉士木與南洋文化教育事業部》暨南大學華僑研究所編印《暨南校史資料選
　　輯》1983年，第一輯，頁169-185。
[37] 國立暨南大學南洋文化事業部編《南洋華僑教育會議報告》，1930年，頁22。參見：
　　馮翠、夏泉〈1929年第一次南洋華僑教育會議研究：以文化認同與適應為視角〉《東
　　南亞研究》2010(06)：頁72-78，頁96。
[38] 王賡武《中國歷史著作中的東南亞華僑》姚楠編譯《東南亞與華人——王賡武教授
　　論文選集》中國友誼出版公司，1987年，頁236。

傳統，賦予使領館督導僑教的責任。[39]大體而言，1929年以後，各地的華僑學校在教學用語、教材、教學內容、教學時數、教師選聘及學生學習等方面已和國內區別不大。[40]

圖7　國立暨南大學，校門與真如校區，上海楊家橋，1928年

　　南京政府以黨領政，國民黨深知僑校是發展海外組織重要的據點，對僑校的發展非常關切。在1929年6月暨南大學的「南洋華僑教育會議」之後，國民黨中央訓練部在同年11月召開了黨內的「第一次南洋華僑教育會議」，會議主題是「明確華僑教育的重要性，分析華僑教育的歷史與現狀，制定華僑教育計畫，謀求華僑教育的統一、改進與推廣。」[41]會議制定的《華僑勸學委員會組織規程》規定：華僑勸學委員會宗旨為「依據中央所定之三民主義的國民教育方針，勸導華僑出資與興辦，並改進中等小學、師範學校、補習學校、圖書館、報社等教育文化事業，以謀海外華僑文化之發展。」[42]

　　民國20年（1931）九月中國國民黨第三屆中央執行委員會常務

[39]　冉春〈抗戰前後南京國民政府的華僑教育政策研究〉《河北師範大學學報》（教育科學版），2015，17(04)：頁34-39。
[40]　別必亮《承傳與創新：近代華僑教育研究》河北教育出版社，2001年，頁125。
[41]　中國第二歷史檔案館《中華民國史檔案資料彙編（第五輯）》南京：江蘇古籍出版社，1994，頁971。
[42]　中央僑務委員會《第一次中國教育年鑒》上海：開明書店，民國23年（1934），頁32。

會議又通過《三民主義教育實施原則》，其中第七章《華僑教育》列有「實施綱要」，下分課程、訓育及設備三項。同時發佈《關於補助海外黨部經費，酌予補助華僑教育事業訓令》。國民黨中央訓練部1931年訂定《海外各級黨部推進華僑教育辦法》《華僑教育基金募集辦法》等。[43]同年，教育部公佈《華僑中小學校董事會組織規程》與《修正華僑子弟回國就學辦法》《華僑教育實施原則》。在暨南大學和黨中央的華僑教育會議之後，制定多項辦法都需專責機構執行。

1931年12月，僑務委員會成立，設有僑民教育處，與教育部分工辦理僑教工作。國民政府行政院在1933年4月第96次會議上通過《僑民教育實施綱要》，其中明確僑民教育準則為：

（一）以中華民國教育宗旨及其實施方針為標準；

（二）以各地之特殊環境，實施方式以不受事實之牽制，務達到培養民族識，訓練自治組織能力及改善生活，增進生產能力為目的；

（三）以文化合作之精神，與各居住地政府共謀僑民教育之發展。[44]

特別值得注意的是，強調僑民教育是以「中華民國教育宗旨為標準」並要「培養民族意識」。1936年僑務委員會頒佈《資助國外華僑學校條例》。至此，南京政府的僑民教育政策已相當完備。整體而言，民國時期的華僑教育就是國內教育在海外的延伸，明顯是以祖國認同的民族主義為原則。[45]

---

[43]　資料來源：中華民國國家教育研究院《教育百科》〔僑民教育實施綱要〕條。

[44]　此《僑民教育實施綱要》，即是黨中央《三民主義教育實施原則》之一章。資料來源：中華民國國家教育研究院《教育百科》〔僑民教育實施綱要〕條。

[45]　黃曉贏〈雪中送炭：民族主義取向下的東南亞華僑教育〉《亞太教育》2015(34)：256-258。

民國28年（1939）7月為適應戰時需要，「華僑教育設計委員會」改由教育部、僑務委員會會同組織，擴充後之該會於1940年成立，會址設於教育部。1940年國民黨五屆七中全會通過《推進僑民教育方案》，以制定發展華僑教育的方針，提出改進普通教育、培植新師資、在海外設立僑民職業學校。[46]而後因南洋各埠先後淪陷，交通斷絕，且國內亦戰事日亟，委員會召集不易，於1945年春抗戰勝利前就裁撤，教育部另行成立教育部「僑民教育委員會」。戰後，教育部是以「僑民教育委員會」的名義派員赴南洋各地督導慰問僑校的復建工作，鼓勵僑生回國升學。

　　在此提出一個較易為學界忽視的問題，當1927南京國民政府成立時，中止了孫中山先生的「聯俄容共」政策，開始「清黨」，中共黨史稱之為「第一次國共合作破裂」。為逃避國民黨的迫害，大批的共產黨人和左派知識份子逃到東南亞，寄身於華校和報社。社會主義的反帝反殖，甚至採取暴力奪取政權的共產主義，同時與傳統的民族主義一起在華教體系中滋長，從此開啟了國共在海外僑社鬥爭的序幕。

　　清末戊戌後（1898）康梁流亡海外發展保皇會的組織，與孫中山的革命派競相在報社與學校建立據點；30年後，中共黨人和左派華人也在報社與僑校中生存發展與國民黨競爭。1931年「九一八事變」後日本侵華表面化，蔣介石的「安內攘外」政策與華僑社會自1928年「濟南慘案」以來，與已萌發的反日民族情緒大不相容，此矛盾又使僑社中的左派有發展的機會。[47]前所論述的南京國民政

---

[46]　紀宗安；何萬寧〈民國時期華僑高等教育的興起與發展——以暨南大學為例〉《民國檔案》2006年，頁124。
[47]　華僑社反日抗日活動，參閱：古鴻廷〈兩次大戰期間反日意識的成長之探討〉《東南亞華僑的認同問題：馬來亞篇》臺北：聯經出版社，1994；任貴祥《海外華僑與祖國抗日戰爭》步平，沈強，邵銘煌總主編《抗日戰爭與中華民族復興》叢書，北京：團結出版社，2015.06，頁12-13。濟南慘案發生後，新加坡僑胞組織山東慘禍籌賑會，為受災民眾募集賑款，1928年5月到1929年2月，歷經近9個月，籌集善款130餘萬。參見：顧延欣、費俐興《民國時期新加坡山東慘禍籌賑會活動述論》《世紀

府，無論黨政都特別重視華僑教育，即有此前因。

東南亞華僑社會從清末以來建立的新式華文教育在太平洋戰爭前（1941年底），歷經半世紀的發展，已成為華僑社會中一重要的社會體系。從1927-1941東南亞的華文教育是國民教育的延伸，許多華僑學校的體制與國內比較相似，在課程設置上也大多依照國民政府僑務委員會及教育部編制的華文學校課程時間表，課本則採用國內提供的教材，教學內容與國內也基本一致。這段時期，華僑社會自覺的推行國語運動，當國語成為華僑學校的語言課程標準時，不但促進了華僑社會的「一體性」，無形中母語教育在抗日動員時也發揮了很大的作用。僑教成為中國政府僑務政策的一個重點，同時將各地良莠不齊，標準不一的華僑學校，輔導而成日後較有制度的僑民教育體系。

第五節　小結

清末到戰前半個世紀，大約從1898年橫濱大同學校成立，到1948年中共建政前，中國清政府和共和國政府對華僑學校的重視是一個重要的歷史事實，有學者認為，華人母國的「僑教」政策，阻礙了華人融入當地的進程，是造成排華的重要原因之一。但華人移民堅持傳承族裔語言，在僑社創辦華僑學校，最初是在沒有祖國支援之下就先開始發展的。華僑社會發展出一個龐大而複雜的僑教體系，並成為海外華人文化的一個重要特色，是華僑和母國相互努力的成果，後為爭取華僑社會對母國的支持與認同，則將華僑學校等同為國民教育的延長，開始積極挹注資源，逐漸成為僑務的重點。1947年實施的中華民國憲法，將「僑民教育」入憲，明訂獎勵或補助僑民教育事業。[48]這是一個僑教歷史發展的過程。

橋》2013(12)：頁72-73。

[48] 中華民國憲法第167條第2款規定國家對於僑居國外國民之教育事業成績優良者，予

日本學者市川信愛認為：這個時期的華僑教育「從志向於中華思想到重視民族教育再到開展三民主義教育的變化，同居留國政府的磨擦逐漸表面化，居留國政府乘機加強對僑校的規範統制。」[49]為戰後居住國限制華文教育留下了伏筆，從日本學者的觀察中，更能體會僑民在居留國政府之艱難處境。

以獎勵或補助。這部憲法是本於民國25年（1936年）5月5日國民政府公佈的《中華民國憲法草案》（五五憲草）。民國26年5月18日，國民政府公佈《中華民國憲法草案》，凡八章147條。這是今天《中華民國憲法》的雛形，它本來應該在預定同年召開之制憲國民大會會通過，因日本入侵東北及隔年爆發的抗日戰爭而延宕未能如期召開。

[49] （日）市川信愛，翁其銀譯〈華僑學校教育的國際比較〉《教育評論》1989(04)：64-70，66頁。

第三章
戰後華文教育盛衰起伏不一

　　日本發動太平洋戰爭後，東南亞的華僑學校一度停擺了三年多（1942-1945），許多僑校甚至被日本軍隊刻意佔用和破壞。日本戰敗投降後，相繼退出東南亞各國，中國國際地位因而提升，華僑社會趁此時展開了大規模的復校運動，並籌辦新學校。戰後20年（1945-1965）是華僑教育的第四波熱潮，也是最高峰時期。然而，好景不長，由於國際冷戰，中國內戰以至分裂，僑社也因親中親臺而分裂。東南亞各國獨立後，華僑陷入一波又一波的排華浪潮，從經濟上排華到文化上排華，華人獨立經營的華僑學校一直是焦點之一，有些地方甚至首當其衝，最後被迫納入當地的國民教育體系。1965年之後東南亞的僑民教育盛極而衰，只有馬來亞華社在馬來西亞因華人人口比例較高，在華人團體和幾位華教領袖如林連玉、沈慕羽等人的努力下，爭取華族的族裔語言受教權，保存華校的體系。為避免族群衝突，刻意自稱華族教育，不再以僑教自居。

　　在東南亞排華四起，華僑遭受全面打擊之時，1967年中國大陸陷入文化大革命的混亂，視僑胞為外國人，將海外關係界定為「反動的政治關係」，僑務因而全面停頓，僑胞與僑鄉也幾乎斷絕往來，陷入內外交侵的困境。而後因戰後的國際冷戰和國共內戰，東南亞還發展出兩個特殊的華教體系：一是泰北孤軍子弟的華僑學校，二是緬北臘戍地區的果文學校。此外，北美地區開放移民，大量從臺灣去的學人留學生為其子弟創造出一種週末上課的中文學校模式，可謂「東邊關了一扇門，西邊打開另扇窗」。在這個艱困時

期，中華民國的僑務委員會仍努力協助尚存的華校，與大量招收僑生回國升學配合下，為1960年代之後的華文教育保存了命脈。

1970年代中蘇共交惡，中國大陸逐漸走出孤立，展開外交突圍，繼加入聯合國（1971），後再與東南亞各國建交，最後與美國建交（1979）。臺灣雖然面臨退出聯合國和友邦陸續斷交的危機，經濟上仍勵精圖治，並未放棄對華僑教育的輔助，反而更加努力。1978年，中共十一屆三中全會召開，鄧小平提出「對內改革、對外開放」、「解放思想、實事求是」的理論，恢復中斷的僑務工作。[1]1979年，中國大陸決定放寬對外貿易的限制，給予廣東、福建兩省對外經濟活動的特殊政策。一年後在鄧小平的主導下，宣佈廣東省深圳、珠海、汕頭及福建省廈門四個地區改制為對外經濟特區。沿海的四個經濟特區都是僑鄉，向僑界引資引智成為僑務的重點工作，不久即投入僑教工作。1980年代後期，中國的經濟成長不僅為中國社會帶來翻天覆地的改變，也衝擊了全球的產業結構，中國的海外移民開始快速增加。1990年代，國際冷戰格局基本上結束了，代之而起的是全球化，東南亞各國開始放寬對華文教育的控管，形成了華文教育的新熱潮。其中過程猶如驚濤拍岸，捲起千層浪，涉及詭譎多變的國際情勢及華人面臨的處境。本章就戰後50年的華文教育過程說明之。

第一節　二戰後東南亞華人的處境

二戰後的東南亞華人面臨空前的三重考驗：

第一是國際冷戰格局的形成，美國和蘇聯兩大陣營對立。在1950年韓戰後，東南亞成為亞洲冷戰的焦點，最後由美國主導了東南亞政局，採取圍堵中國的政策，華人被視為共產主義的第五縱隊。

---

[1]　1969年中共中央華僑事務委員會被撤銷，僑務工作歸屬外交部。「中僑委」設立留守處，由外交部代管，直到1978年1月成立國務院僑務辦公室，恢復僑務工作。

第二是長期抗戰的母國，獲得一個慘勝的戰果，不久即陷入內戰，華人社會亦分為親國民黨的右派和親共產黨的左派，並互相對立，甚至大打出手。

　　第三是居住國的反帝反殖、爭取獨立的運動，社會動盪不安；獨立後的土著政權，挾著狹隘的民族主義，以國家力量排華：剝奪華人的經濟力量，急於同化華人，視華文教育為國家認同的障礙。

　　戰後東南亞成為大國角逐的舞臺，尤其是美國和蘇聯，利用其雄厚的經濟、政治和軍事實力向東南亞擴張，東南亞各國的內政和外交無不深受大國的影響。中共在「文革前17年」期間（1949-1966）[2]，因為毛澤東的世界觀，積極介入第三世界國家的共運；文革期間毛主義盛行時，也積極介入東南亞的共運。控制和反控制，利用與被利用，成為冷戰時期東南亞國際關係的主要內容。[3]

　　從冷戰前期的國際衝突事件中（表3），可以看出在歐美都是「危機」，在亞洲都是以「戰爭」模式，先是韓戰，後有越戰，戰火之中死傷的軍民都是以數十萬計。

表3　冷戰前期的國際衝突事件（1946-1965）[4]

時間	事件名稱	外文名	說明
1948年6月24日-1949年5月12日	柏林封鎖又稱第一次柏林危機	德語：Berlin-Blockade The first Berlin Crisis	
1948年6月	馬來亞宣佈緊急狀態	英語：Malayan Emergency；馬來語：Darurat	華人被強制遷入「新村」，馬共與英國殖民政府展開長期遊擊戰，至1960年才解除

[2] 1949年中共建政到文化大革命爆發前的這段時間，稱為文革前十七年。參見：羅志田《「文革」前十七年中國史學的片斷反思》中國社會科學院近代史研究所，《第三屆近代中國與世界國際學術研討會論文集・第四卷・經濟・社會・學術》中國社會科學院近代史研究所：中國社會科學院近代史研究所，2010：19。

[3] 莊國土〈冷戰以來東南亞國際關係研究評述——以「冷戰以來東南亞國際關係研討會」為例〉《世界歷史》2004(05)：頁13-16。

[4] 本表為作者綜合資料製作，對亞洲的事件和傷亡狀況有進一步的說明。

時間	事件名稱	外文名	說明
1950年6月25日 -1953年7月27日	韓戰（朝鮮戰爭） 抗美援朝戰爭	Korean War	死傷人數，雙方（中共、北韓，聯合國軍、南韓）公佈的數字多次改變，學界認為應有100萬人
1956-1958	印尼外島叛亂：西蘇門答臘革命政府判亂（PRRI Rebellion）和蘇拉威西「全面鬥爭憲章」（Permesta）	**PRRI** (Pemerintah Revolusioner Republik Indonesia), in English: the Revolutionary Government of the Indonesian Republic; **Permesta**, Universal Struggle Charter	西蘇門答臘和蘇拉威西兩個軍事政變的合稱
1958-1963	第二次柏林危機	Second Berlin Crisis	
1959-1975 （1961-1973）	越戰 越南：抵美救國抗戰	The Vietnam War, The Resistance War Against America	時間長，死傷慘重，超過百萬人
1961	第三次柏林危機	Berlin Crisis of 1961	亦有列在第二次柏林危機中
1961 1962	豬玀灣事件 古巴危機 古巴飛彈危機	Bay of Pigs Invasion Cuban Missile Crisis	
1965-1967	印尼930政變及後續	The Thirtieth of September Movement 印尼語：Gerakan 30 September, G30S	事件後的清共，華人共黨和加里曼丹華人遭屠殺，死亡人數估計在50萬人左右

　　冷戰時期逢此三重考驗中，以東南亞國家獨立後的層出不窮的排華運動，對華人的打擊最直接。中國大陸一方面於1955年在萬隆會議中宣佈採取單一國籍制度，呼籲華僑入籍居住國；另一方面卻宣揚毛澤東思想（毛主義Maoism），主張世界革命，協助「中間地帶」各國發展共運。不論美國和中國都主張歐洲殖民帝國退出，支持東南亞各國獨立，獨立後的東南亞各國政府反共，[5]華人移民（移出移入）中斷。

5　東南亞條約組織（Southeast Asia Treaty Organization，縮寫為SEATO，又稱東南亞公約組織，簡稱東約組織）是一個國際軍事組織，是集合東南亞區域國家的一個政府性

第二節　戰後東南亞各國獨立與排華

　　一戰後全球的殖民地都展開反殖反帝的獨立運動，東南亞除了泰國都是「被殖民國家」，二戰結束後，歐洲的殖民國家一片廢墟，正是獨立之大好時機，在美國的政策支持下，各國紛紛獨立。（參見表4），東南亞各國獨立與國際冷戰和美國的東南亞政策息息相關，為防堵共產主義擴散，美國對東南亞的華人甚具戒心，一方面將東南亞納入依賴美國的經濟體系，一方面加強與各國防共反共。獨立的東南亞國家由土著當家，對華人採取極不友善的政策。整體而言就是排華，這是戰後華人面臨的一大挑戰。[6]

表4　東南亞各國獨立

國家	年代	殖民國	說明
菲律賓	1946	美國	美國宣佈給予菲律賓獨立。
印尼	1945-1949	荷蘭	1945年蘇加諾宣佈獨立，就任第一任總統，共和國與荷印政府發生三起規模較大的戰爭。1949年荷蘭正式放棄對印度尼西亞的統治權，印尼宣佈獨立，蘇加諾被委任為第一任總統。
緬甸	1948	英國	
越南	1945-1950	法國	1945年日本投降，胡志明發動「八月革命」，河內發表《獨立宣言》，宣佈建立「越南民主共和國」（北越）。 越戰1955-1975，1976南北越統一，改國號為「越南社會主義共和國」。

國際組織，根據《東南亞集體防務條約》（又稱為《馬尼拉條約》，在1954年9月簽訂）而於1955年2月19日在泰國曼谷正式成立的集體防衛組織，總部亦設於曼谷。東協成立初期，基於冷戰背景立場反共，主要任務之一為防止區域內共產主義勢力擴張，合作側重在軍事安全與政治中立，成立的目的是牽制亞洲的共產主義勢力。

[6]　華人移民在太平洋戰爭（1941-1945）及戰後東南亞殖民主義崩解的歷史環境中，經歷了嚴峻的考驗。卻也具適應環境變化的能力，華人在異地承受苦難，經營商貿業而創造財富。華人所經營之生態棲位多樣且多變，從體力勞動到街頭小販、小店主至大商家，甚至發展為工商業鉅子。自20世紀初開始，東南亞民族主義的興起和民族國家的建立，排華主義就伴隨著對華人少數族群的歧視，進而採取更惡劣的傷害。

國家	年代	殖民國	說明
柬埔寨	1953	法國	1954年日內瓦會議。
寮國	1954	法國	1954年日內瓦會議。
馬來西亞	1957-1963	英國	1956年英國政府同意馬來西亞獨立。 1957年8月31日馬來西亞政府發表獨立宣言,正式脫離英國獨立。 1963年馬來西亞合併新加坡、砂勞越及沙巴(英屬北婆羅洲)組成新馬來西亞聯邦。
新加坡	1965	英國	李光耀領導的人民行動黨在1965年脫離馬來西亞聯幫獨立。
汶萊	1984	英國	二戰後1950年代初期,汶萊的民族主義萌芽,1956年汶萊人民黨成立。《1959年汶萊協定》英國同意汶萊自治。經過長期的獨立運動,直到1979年1月,汶萊與英國簽訂《友好與合作條約》,規定汶萊將於1983年12月獨立。1984年1月1日,汶萊宣佈獨立。

　　所有土著政權著眼於發展民族經濟,建設自己的文化信心和國家認同,對華人長期具有的經濟事業和教育事業多所干預,甚至強行奪取華人的資源。所謂的排華是從政治、經濟、教育、文化各方面對華人的採取的一連串的政策性限制,嚴重至發生暴力流血事件,華人生命財產此時此刻可謂朝不保夕。

表5　二戰後東南亞五國重大排華事件

國家	年代	事件	說明
泰國	二戰期間	鑾披汶·頌堪排華政策	大泰主義。
	1945	耀華力路事件	日本投降後,華僑在華埠主要街道遊行慶祝勝利和中秋節,因揮舞國旗(青天白日旗)和泰國警方發生流血衝突。後來事態擴大。
	1948	六一五事件	1947年鑾披汶重新執政,採取親美反共的外交政策。1948年6月15日凌晨,泰國特別部的軍警採取突襲的方式,同時分頭包圍了南洋中學、教育協會、建國救鄉總會、各重要行業工會等左派團體,逮捕關押所有的男教師與幹部。

國家	年代	事件	說明
印尼	1958-1959 1959-1961	外島叛亂事件後連串排華措施	因臺灣在美國的要求下，提供武器給叛軍。事變後驅逐親臺勢力，沒收企業、報社和學校，關押國民黨人士。隔年頒佈第10號總統令，限制華人經營零售業，鄉村華人失業，集中到大城市。 1959-1961年各城市發生反華暴亂，中國大陸派客輪前往撤僑。
	1965-1967	九三〇政變後的清共大屠殺與中國大陸撤僑	蘇哈托在政變後掌權，大肆逮捕共黨，其中華人為數不少。後在加里曼丹屠殺華人。1967年下令全面關閉華校，華文教育中斷30年。1966-1967年中國大陸派光華輪四度撤僑。
	1998	黑色五月暴動五一三排華	長期執政的蘇哈托政府在亞洲金融風暴下陷入空前危機，1998年5月引發暴動。為轉移群眾不滿，刻意在5月13日黑色星期五在雅加達華人商業區發動劫掠華人商店，強姦華人婦女，屠殺華人的暴力行動。
新加坡	1963-1981	南洋大學事件	1963年9月21日李光耀領導的人民行動黨在州選中獲勝。9月22日晚，新的州政府尚未正式組閣，便宣佈褫奪南洋大學理事會主席陳六使的公民權。9月26日新加坡政府派軍警進入校園，剝奪《大學論壇》等六種刊物的出版權，逮捕五名在籍學生和七名畢業生。從此南大與新加坡政府之間不斷角力。1970年代，新加坡推行以英文為第一語言的雙語教育政策，導致南大生源銳減。1975年3月進行改制南大，除中國語文科外，教學媒介語從中英雙語改為單用英語。1981年在原校址建立了南洋理工學院。
緬甸	1967	六二六事件	1965年緬甸政府將華僑學校收歸國有，1967年6月文革極左的外交政策，仰光原左派華僑學校，因師生佩戴毛像毛章問題與緬籍老師發生衝突，升高為緬華兩族的衝突。6月26日緬甸軍警暴力殺害華僑學校、教師會的師生。排華、反華的風潮擴散到全緬甸。
馬來西亞	1948-1960	緊急狀態	1948年馬來亞共產黨展開武裝鬥爭之後，英殖民政府宣佈全馬來亞進入緊急狀態，一直持續到1960年才解除。 為阻止華人與馬來亞共產黨領導的馬來亞人民解放軍接觸，在1950年將農村華人集體遷入「新村」。

國家	年代	事件	說明
	1969	五一三事件	1969年馬來西亞聯邦舉行第三屆全國選舉中反對勢力獲得50.9%的得票率，第一次超越聯盟政府。反對黨在5月11日在吉隆坡慶祝勝利並且遊行。一些「巫統」的激進黨員舉行反示威。5月13日，兩派人馬在街頭短兵相接，最終演變成為流血大暴動。
	1987年10月	「茅草行動」 Operasi Lalang	1987年10月，華社團體反對政府派遣不諳華文的教師擔任華小行政高職，號召罷課抗議。政府於14日同意協商，罷課行動最後取消。正在此時，吉隆坡秋傑地區（Chou Kit）發生馬來士兵亂槍射斃了1名馬來人和兩名華人，引起兩族之間的騷動。 10月27日開始，馬哈迪政府以種族關係緊張為理由，展開大逮捕和查封報章媒體的「茅草行動」，共逮捕了119人。

圖8　1966年10月從印尼撤僑的同胞。

來源：《人民畫報》1967年1月

圖9-1（左）　「茅草行動」後的大逮捕。
來源：《新明日報》1987年10月29日的報導。

圖9-2（右）　《星洲日報》
報導華教領袖被逮捕。
來源：《華僑華人百科》

　　1949年後，中國分裂為二，臺灣的中華民國政府延續清末以來屬人主義的國籍政策，視僑胞為國民；中國大陸因為種種政治因素，決定採取單一國籍制，改變了華僑和母國的法律關係。姑不論這兩種政策孰是孰非，事實證明，雙方都未能防止東南亞的「排華」，獨立特殊的僑民教育體系和許多華人長期佔優勢的產業一樣，都面臨居住國政府的嚴格管制，最後皆被納入當地的國民教育體系內。華僑為了在當地能有生存發展，被迫得選擇最有利的身分。

表6　東南亞各國華人入籍時間和華文教育被壓制／停辦時間[7]

國家	華人全面入籍時間	華文教育被壓制／停辦時間
泰國	1952	1948年華文被作為外語教學
印尼	1965-1980	1965-1967年華校被封閉

---

[7]　本表引自：韓曉明〈從「再中國化」到「再華化」——百年間東南亞華人的身分重構及其對華文教育的影響〉《東南亞研究》2020(03)：133-151+157，頁140-141。
該文亦擴以下論著中的相關內容整理之：周聿峨《東南亞華文教育》暨南大學出版社，1995年；李恩涵《東南亞華人史》東方出版社，2015年；梁英明《戰後東南亞華人社會變化研究》昆侖出版社，2001年；陳烈甫《東南亞的華僑、華人和華裔》正中書局，1983年；張西平《世界漢語教育史》商務印書館，2009年。（按：本文引用時依時間先後調整，並略加修改文字。）

國家	華人全面 入籍時間	華文教育被壓制／停辦時間
馬來西亞	1950年代末期	1951年華文不准作為教學用語
緬甸	1962	1966年華校被收歸國有，正規華文教育中斷
新加坡	1957	1960-1984年華校學生人數年年下降，終因無生源而關閉
柬埔寨	1966	1970年代後半期正規華校被封閉
越南	1970年代	1970年代後半期正規華校被封閉
寮國	1970年代	1970年代後半期正規華校被封閉
菲律賓	1975	1973年華校菲化，華語成為第二語言教學

第三節　戰後華人社會的轉變

　　戰後的第一個10年（1945-1955）「華僑」開始向「華人」轉變，有四個重要因素：

一、獨立後的居住國政府採取保護土著利益的民族經濟政策，限制華人的經濟的發展，甚至掠奪華人長期經營的事業。

二、限制或禁止華人入境，華人在東南亞的人口出現負成長。

三、華僑入籍僑居國，在法律上脫離母國，選擇落地生根。

四、限制華僑學校的發展，極力將之納入國民教育體系。

　　以上觀點，學界在1980年代末期就已指出重點，但對於1949年新中國的成立，1950-1953的韓戰，至1955年萬隆會議，[8] 幾個母國

8　第一次亞非會議（Asian-African Conference），於1955年4月18-24日，在印尼萬隆召開，又稱萬隆會議（Bandung Conference）為亞非國家第一次討論亞非事務的大型國際會議，主要討論了保衛和平，爭取民族獨立和發展民族經濟等各國共同關心的問題。主要目的是促進亞非國家之間的經濟文化交流，並共同抵制美國與蘇聯的殖民主義和新殖民主義活動，間接促成不結盟運動。會議結束後，亞非國家的合作獲得加強，南南合作由此開端。參考網址：中華民國僑務委員會　維基百科

政治發展和國際局勢的變化，對於中國大陸的華僑政策、華人生存地位的影響卻缺乏深入的討論，甚至對以上四個情況的衝擊也僅點到為止。[9]

　　戰後的第二個10年（1955-1965）中國大陸為突破美國在韓戰後對中國的圍堵和外交孤立，在萬隆會議前後，採取了積極的睦鄰政策，為了外交棄守僑務，其中以1955年4月與印尼簽訂《中華人民共和國和印尼共和國關於雙重國籍問題的條約》，和1960年10月1日，與緬甸簽署《中華人民共和國和緬甸聯邦邊界條約》兩件事最具代表。前者中國政府正式宣佈放棄印尼華僑的雙重國籍身分。[10]後者為中方在邊界的讓步，致使雲南的果敢人成了緬甸聯邦的少數民族。1960年後東南亞的排華開始肆無忌憚，[11]多少僑民流離失所。

　　從東南亞各國獨立後與臺灣和中國大陸的關係，可以看出華人在東南亞的處境，本文將東南亞各國與臺灣（中華民國）和中國大陸（中華人民共和國）的邦交關係列表如下：

表7　東南亞各國與臺灣（中華民國）和中國大陸（中華人民共和國）的邦交關係

國家	中華民國	中國大陸	說明
菲律賓	1946-1975	1975	1946年菲律賓獨立後，即與中華民國建交。1975年菲律賓與中國建交，承認中華人民共和國為唯一合法政府，與中華民國斷交。

[9] 戰後海外華人變化的學術討論，中國大陸於1980年代後期開始受到重視，參考郭梁主編的《戰後海外華人變化國際學術研討會論文集　中英文論文》（北京：中國華僑出版社，1990）收錄的論文為代表。該研討會1989年4月在廈門召開。文集前三篇文章：顏清湟〈從歷史的角度看海外華人的社會變革〉、賀聖達〈戰後華人華僑歷史發展分期概論〉、郭梁〈戰後東南亞華僑、華人變化發展的特點〉可看出主要觀點。

[10] 這條約為中國、印尼雙方在1960年1月互換批准書，正式生效。對於上百萬的普通印尼華僑而言，則是去與留、做中國人還是成為印尼人的抉擇。

[11] 印尼華人首次遭大規模鎮壓是在1965年至1966年的反共大屠殺，1967年之後，在蘇哈托執政30多年期間，華人也受到嚴重的排擠、華人文化則受相當大的限制，1998年發生一場舉世震驚的排華暴亂。（印尼語：Kerusuhan Mei 1998），又稱黑色五月暴動，是指從1998年5月13日至16日發生在印尼棉蘭、雅加達、梭羅等城市的一系列針對華裔社群持續約三天之暴動。參考網址：中華民國僑務委員會　維基百科

國家		中華民國	中國大陸	說明
泰國		1946-1975	1975	二戰結束後，1946年1月23日，簽署《中華民國暹羅王國友好條約》，建立大使級外交關係，並互相設立大使館、派駐大使。1949年，中華民國政府遷臺之後，兩國仍維持邦交關係。 越戰結束後，1975年7月1日，周恩來總理和克裡‧巴莫總理在北京正式簽署中泰建交聯合公報，正式建立外交關係。
印尼		1912	1950-1967 1990	1912年中華民國建立後，在荷印時期的巴達維亞、泗水等地設領事館。 1950年4月13日，印尼與中華人民共和國建交，中華民國與印尼結束領事關係。 1965政變後，1967年10月27日，反共的蘇哈托政府與中共斷交。 1990年中（共）印恢復邦交。
緬甸			1950	1950年代，中緬共同倡導和平共處五項原則，並於1950年6月8日正式建交。
越南	北越		1950	1950年1月18日中共與越南民主共和國（北越）建交。
				1975年南北越統一後，中（共）越始終未正式建交。
	南越	1955-1975		1955年10月，中華民國承認越南共和國（南越）。
				1990年9月雙方於成都舉行祕密會談，達成關係正常化。
柬埔寨		1953-1958 1970-1975	1958-1970 1975	1953-1958年臺灣與柬埔寨保持獨立前的領事關係。 1955年，西哈努克親王在萬隆亞非會議上與周恩來結識。1958年7月19日，中柬正式建交。 1970年3月，親美反共的龍諾發動政變，與中共斷交，於1970-1975年和臺灣互設官方代表團。 1975年民主柬埔寨政府成立，曾得到86個國家的承認，新政府激進鎖國的政策，只與12個國家建立了外交關係。1977年宣佈除中國、朝鮮和寮國外，其他駐柬使館一律關閉。
寮國		1958-1962	1962	1958年11月17日，中華民國與寮國建立領事級外交關係。1962年5月16日，寮國政府親美的文翁親王在臺灣宣佈與中華民國建立大使級外交關係，並設立大使館、派駐大使，但是遭到了政府內部梭發那‧富馬親王的抵制。 1962年9月2日，寮國聯合政府宣佈承認中華人民共和國。9月7日，與中華人民共和國建交，10日，與中華民國斷交，兩國的大使級外交關係僅維持三個多月。

國家	中華民國	中國大陸	說明
			1970年代末至1980年代中,中老關係出現曲折。1989年後,逐漸恢復和發展。
馬來西亞	1963-1974	1974	1963年,馬來西亞聯邦成立。1964年11月26日,與中華民國建立領事級的外交關係,設立駐吉隆坡領事館,1969年升格總領事館。 1974年5月31日,中共與馬來西亞建交。與中華民國政府終止領事關係。
新加坡		1990	新加坡1965年獨立以來,未曾與兩岸建交,但與臺灣在政治、軍事、經濟等各領域皆保持密切關係互設具大使館級的代表機構。 1990年10月3日與中共建立外交關係。

　　日本侵華,為中國帶來了空前的災難,激起中國人的民族主義,從一戰後巴黎和會引發的五四運動（1919）、濟南五三慘案（1928）[12]、九一八事變（1931）、一二八事變（1932）[13],不僅國內群情激憤,海外僑胞的救國情緒也為之高漲。因為抗日,海外僑社也動員起來,更深化了東南亞華人社會跨區域的橫向聯繫,至七七事變後全面抗戰開始,陳嘉庚主導的「南洋華僑籌賑祖國難民總會」（簡稱「南僑總會」或「南僑籌賑會」）,更大規模的橫向整合僑社力量。僑社所以能成功整合和迅速動員,與1927年後南京國民政府對華文教育的重視與挹注,視之為國民教育的延伸及國語教育推行,皆有密切的關係。

　　戰後的第三個10年（1965-1975）中國與蘇聯交惡,毛對外採取國際主義,對內有文化大革命,對外鎖國,美國反共宣傳發酵,

---

[12] 1928年濟南慘案發生後,南洋華僑掀起了聲勢浩大的聲援運動,成立了「山東慘禍籌賑會」,陳嘉庚擔任主席,積極籌款救濟難民,還發起抵制日貨運動,這是南洋華僑積極抗日的開始。1937年七七事變後抗日戰爭全面爆發,南洋華僑在新加坡成立「籌賑祖國難民總會」（簡稱「南僑總會」）,幾乎東南亞各國僑社都有代表參與。

[13] 「一二八事變」後十九路軍蔡廷鍇成了僑胞心目中的英雄,後來的閩變,以及蔡廷鍇訪問海外僑社,都成為蔣介石「安內攘外」政策的挑戰,在僑社形成了一股反蔣的勢力,成為中共發展僑黨的有利條件,也是陳嘉庚對國民黨不滿的開始。抗戰勝利後,蔡廷鍇與李濟深,何香凝等一起籌組中國國民黨民主促進會。

此時華人的外部環境非常不利，東南亞各國進一步限縮華文教育的空間，甚至全面關閉。戰後成長的一代華人華語能力大幅衰退，華人性（Chineseness）消退，[14]「僑民」性質消失，此後，各國華人鮮少再自稱中國人，馬華、泰華、菲華的名稱成為華人的正式稱呼，Overseas Chinese轉變為 Chinese Overseas，有些官方檔則用ethnic Chinese（華族或華裔）。

　　整體而論，戰後30年是從華僑到華人的過程，僑社轉變為「華社」；僑團為「華團」。從整個東南亞（南洋）的跨國角度來看：清末康梁的保皇會，孫中山的革命黨，曾一度橫向整合了華僑社會。但是戰後，尤其是1965年之後，這種華人社會的橫向連繫被切斷了[15]。馬來西亞華人鮮少與印尼和菲律賓的華人有往來，中國大陸尚無建立一個可聯繫僑社的機制，臺灣因為與多數國家仍保持外交關係，外交僑務部門則藉著每年舉辦的僑務委員會議和10月的慶典活動，號召海外各地僑領在臺北聚會。[16]

---

[14] 所謂「華人性」，就是自我識別或接受識別為華人的可能性。所謂「後華性」，便是在「華人性」不可定義的條件下所提出，強調的是相互識別或再識別為華人的過程。透過東南亞華人對身分認同的選擇，可以歸納再識別所仰賴的資源為何，機制為何。「後華人性」固然有賴其他華人社群的識別，但必然具有強烈的在地性，參考石之瑜、李慧易〈從「華人性」到「後華人性」——馬來西亞華人研究簡記〉提出「後華人性」與「後華性」的概念，對之進行概念性的探討，第15卷第5期，2017年5月，頁51-52。華語語系在告別和批判「華人性」之後，它是一種「變化社群」（a community of change）的「過渡階段」（a transitional moment），無論它能維持多久，它不可避免地與本土社群進一步融合，並成為本土的構成部分，參考E.K. Tan, Rethinking Chineseness: Translational Sinophone Identities in the Nanyang Literary World, 譯者：陳榮強2013年，頁36。

[15] 華語語系在告別和批判「華人性」之後，它是一種「變化社群」（a community of change）的「過渡階段」（a transitional moment），無論它能維持多久，它不可避免地與本土社群進一步融合，並成為本土的構成部分。

[16] 在1970年代國際情勢動盪，僑心不安之際，僑委會委員長毛松年為團結全球僑胞，支持中華民國政府，籌辦此一大型國家慶典晚會慶祝雙十，當時董鵬程先生銜命籌辦，邀請了臺港巨星、平劇名伶、李棠華雜技團還有數千學生擔任排字，不僅吸引僑胞年年踴躍返國同歡，國內民心士氣也為之鼓舞，誠具四海歸心盛況。

圖10　僑胞回國參加「四海同心」大會盛況（董理事長提供）

第四節　美國中文學校興起

　　大體而言，東南亞的華文教育在1965年後幾乎被全面封殺，僅馬來西亞華社經不斷的爭取，保留了不被政府承認學歷的「華小」和「獨中」華教體系，馬華是以華人族裔學校定位其華教體系。泰北孤軍的華校，緬北臘戌和曼德勒的一些華校，尚留有華文教育的遺緒，其他各地的華校都與1965年以前的性質不同，轉變成為有中文課程的私立學校（民辦學校），且受到當地政府教育政策和法規的控管。1990年代，臺灣的東南亞臺商發展出的臺商子弟學校（臺灣學校）[17]卻是一特例。

---

[17]　臺商子弟學校後來統一名稱為「臺灣學校」，最初有6所，其中泰國曼谷的學校改為國際學校，尚有5所仍在經營，其他如：馬來西亞吉隆坡臺灣學校、檳吉臺灣學校、

正當東南亞傳統的華僑學校幾乎蕩然無存之時，北美卻開放移民，美國在1965年通過新《移民法》[18]打破種族配額，改為地區（國家）配額，修改對亞洲的歧視政策，並以家庭團聚優先。開啟了亞洲地區向美國移民的熱潮，其中有不少是韓國華僑和因排華而再移民的東南亞華人，加上70年代臺灣、香港的北美移民潮，美國增加了為數不少的「亞裔」新移民。[19]自1970年始，亞裔美國人是美國人口增長速度最快的一個族群。由1980年的3,726,440人增至1990年的7,273,662人，增長率為95.2%；華裔美國人由1980年的812,718人增至1990年的1,645,472人，增長率為102.6%。[20]他們之中半數以上屬非美國本土出生。

　　來自臺灣的移民大都是留學移民，教育水準較高，他們在新大陸創造了一個新的族裔語言教學模式，這就是著名的週末「中文班」（Chinese language class），這是從幾個留學生子弟週末在家庭一起學習母語的方式，卻在短短10年左右發展成有幾百人到上千人的「中文學校」（Chinese language school），是華文教育史上的一

　　印尼雅加達臺灣學校、泗水臺灣學校，越南胡志明市臺灣學校。

[18] 新移民法的全稱是《1965年外來移民與國籍法修正案》（Immigration and Nationality Act Amendments of 1965），一般簡稱《1965年移民法》（The Immigration Act of 1965）。民主黨政府修改了第一次世界大戰結束的《1924年移民法案》和冷戰思維濃厚的《1952年外來移民與國籍法》納入了1953年的《難民救濟法》（Refugee Relief Act of 1953）和1957年的《難民逃亡法》（Refugee Escapee Act of 1957）的措施，打破種族配額，改為地區（國家）配額，修改對亞洲的歧視政策，並以家庭團聚優先。參見：任弘《美國中文教育發展報告》廈門：華僑大學《華僑華人藍皮書》2019年12月；閆行健編〈美國〈1965年外來移民與國籍法修正案〉探析〉《美國研究》2016年第3期；戴超武編〈美國1965年移民法對亞洲移民和亞裔集團的影響〉《美國研究》1997年第1期；戴超武《美國移民政策與亞洲移民1849-1996》北京：中國社會科學出版社，1999年。

[19] 在美國的人口普查中最早是沒有華裔美國人（Chinese American）單獨的目錄，當時是用Asian Pacific Islander，但一般慣稱之為亞裔美國人（Asian American）。

[20] 資料來源：U.S. Bureau of the Census, 1990 Census of the Population, General Population Characteristic, United States Summary, CP-1-1, （Washington, DC: U.S. Government Printing Office 1993）；U.S. Bureau of the Census, Asian Pacific Islander Population in the United States 1980 PC 80-1-1E, （Washington, DC: U.S. Government Printing office, 1988.當時美國給中國的配額主要分配給臺灣和香港，所以所謂的華裔，也主要來自港臺的移民。

大創舉。所謂：東方關了門西方開扇窗。至1990年代，這個源自北美的模式，因為中國大陸新移民的快速增加，而發展出一個完整且可輕易複製的「週末制中文學校」（weekend Chinese school），並成為全世界華人新移民普遍採用的華文教育體系。東南亞因為曾經有過最發達的華僑學校體系，華校成為私立學校後，每週也有2-4小時中文課，所以週末制的中文學校並未受青睞，而是以三語學校或有華語課程的國際學校為新潮流。

華文教育是隨著華人移民發展的，1990年代以後，華文學校的模式和華文教育的內容，是以週末制中文學校為主流。21世紀華文教育的發展，則取決於華人新移民與居住國的主流教育體系互動下，採取什麼樣的家庭語言規劃（family language policy）為主。[21]中國大陸和臺灣皆可發揮影響力。

中國大陸的整體國力提升已影響華語的國際地位、其對外關係更促使中華文化遍及國際傳播；而臺灣的僑生升學制度（包括海青班）、海外臺灣學校的經營，也為華文教育的永續經營提供寶貴的經驗。近年東南亞的華語成人補習班、三語學校和（有華語部的）國際學校發展；美國華人經營的課後班（after school），主流學校從2006年快速增加的沉浸式中文學校，都形成重要的新趨勢、透露的訊息是：華文教育國際化、在地化為勢所必然；華語學習的工具性增加，文化性淡出。

為適應戰後的政局變化，華僑身分的改變，母語教學為主的僑校體系逐漸轉化為族裔語言教學的華教體系，華校逐漸轉型為開設華語課程的私立（民辦）學校，以華語為教學語言的全日制華校走

---

[21] Fishman（2001）指出，語言不僅是一種溝通工具，當文化語言連結於特殊文化時，也與文化認同連結，而影響人們的行為、認知、思想和自我認同。一般來說，個人語言的決定權和使用權應視為基本人權之一，學習歷程的語言銜接亦為其學習權利（吳坤暉，2000；Sachdev, 1995）。從集體的角度，語言是群體／族群爭取權利的媒介，使用語言的決定將影響現有的政治結構與族群地位（O'Barr, 1976; Sachdev, 1995）。轉引自洪麗卿、劉美慧〈美國華盛頓州國小階段跨國移民學生之學習安置和語言支援制度〉《教育研究集刊》第64輯第2期，2018年6月，頁89-90。

人歷史。華教體系多元化發展，半日制、混合制、週末制、補習班等紛紛出現，華文教育的三教問題也因此變得複雜。難能可貴也令人欽佩的是，僑社之中仍然有為保持族裔語言文化而努力不懈的華教奮鬥者。[22]

第五節　後冷戰時期——東南亞對華文教育解禁

後冷戰時期（Post-Cold War Era）指的是冷戰之後的時期，一般以1991年為起點，當年東歐共產國家民主改革，兩德統一，蘇聯解體，結束以美國和蘇聯為首的兩大政治軍事陣營之間長達40多年的冷戰局面。[23]

相對於蘇聯解體，中國的崛起，成為後冷戰時期的一個重要現象。就華人世界而言，1980年代中國大陸新移民遍佈全球，華僑社會有了結構性的轉變。中國大陸經濟崛起和全球化的發展，使得華語熱甚囂塵上，兩岸政府積極投入資源，在高等教育中成立專業，致力培養華語教學人才。不論是中國大陸發展的「漢語國際教育」[24]，或臺灣推動的「對外華語教學」，都發現且發展了百年的華文教育是中文國際化最重要的基礎。

冷戰前的華文教育多是作為海外華人的一種身分特性，作為

---

[22] 30年代至50年代初，海外華僑教育曾經出現興盛之期，於其主因為：
1.海外華僑支持祖國辛亥革命及抗日戰爭而凝聚之愛國激情；
2.華僑數十年來於海外艱苦創業所奠定工商企業經濟實力；
3.東南亞國家殖民政府放寬入境限制，有利華人大量湧入。
因此，掀起了華僑教育的熱潮，當時東南亞一帶呈現了「中華文化」生長的新沃土，使華人沉浸於美麗憧憬中（周勝象，1963年）。

[23] 中國大陸習慣將post cold war稱為「冷戰後」。後冷戰是指1991年，蘇聯崩解後，美蘇兩個軍事集團的對抗已不復存在，世界的發展更加多元化，經濟上，可說是新自由主義全球化的時代，世界依然存在大量的局部衝突，外交的對抗的激烈程度也並未減輕，中國等新興國家異軍突起，而這便是後冷戰時代，參考網址：https://kknews.cc/history/2zkxxag.html

[24] 中國大陸最初稱為「對外漢語教學」，後改稱「漢語國際教育」，2020年再改稱「國際中文教育」。

華人而必須接受的教育，傳承中華文化、入籍華人大都認同母國，努力保留中華傳統[25]。後冷戰時代，早在1975年前後，東南亞各國改變與中國的政治關係，直到1990年代開始對華文教育鬆綁，相繼開放甚至鼓勵學習華語。華社民間熱衷於復辦或新辦華校及語文課程，學習華語的人數日益增加，掀起了學習華語的熱潮，呈現出華教復興的局面。[26]（參閱表8）

表8　泰國、印尼、緬甸對華文教育解禁[27]

國家	開放華文教育時間	華文教育被壓制／停辦時間
泰國	1992	1992年1月，泰內閣通過決議，將華文教育列為外語教育，並將華文為首選外文。同年2月，泰內閣通過了全面開放華文教育法令。
印尼	1991	准許臺商開辦臺商子弟學校，雅加達臺校1991年准許成立，泗水臺校1995年成立。
	1994	對華文媒體開始解禁。
	1999	1999年10月，瓦希德總統發出了第6號政令，撤銷行之30多年限制華人文化與宗教生活的第14號政令，華人自此可以公開過春節。政府還恢復了孔教的合法地位，解除禁止使用華文的禁令。
緬甸	1998	1998年11月4日緬華被重新允許擁有第一份華文報紙。 2002年緬甸福建同鄉總會於仰光創辦福星語言電腦學苑。 2009年5月曼德勒福建同鄉會、曼德勒福慶語言電腦學校與雲南大學共建的孔子課堂正式揭牌，是東南亞華校中的第一家孔子課堂。

[25] 如以新加坡為例：19、20世紀交替間，正當新加坡峇峇（海峽華人Straits Chinese俗稱「峇峇」（Baba），女性則稱「娘惹」（Nyonya），是中國移民與馬來亞當地土著的混血後裔海峽華人）以急促的腳步走向「西化」之時，他們之中，一批對中華語言文化發生濃厚興趣的知識份子卻掀起了以傳統文化為基礎的現代化改革運動，並同時展開推廣華語和振興儒教的中華文化復興運動。參考李元瑾〈從文化殖民的視角重讀新加坡海峽華人的失根〉《華僑華人歷史研究》2014年第2期，頁15-23。

[26] 據僑委會之研究報告，當時東南亞華僑學校之發展以1967年為最高峰，達5300餘所（僑委會，2008），主要分布地區為東南亞。辦學形式活潑多元，從幼兒園、小學、中學到高等院校的全日制完整教育，也有週末假日或晚間上課的補習教育，可以說是東南亞僑教的鼎盛時代。究其因，東南亞華僑最多，當地也多屬殖民地政府，以華僑辦學，不但與當地人民並無妨礙，且有溝通民族文化與敦睦族群感情的功能，兼以當時我國政府居於世界五大強國之一，故當地政府對我華僑教育採取放任態度，任其自由發展而不加干涉。

[27] 本表為作者綜合相關資料所制，僅列具代表性的3國。

東南亞各國的華文教育面臨了一個新時代，但性質與內容都有與1965年之前不同。其中以泰國、印尼和新加坡三國的發展最顯著也最具特色，這三國的族裔語言政策的變化和華人社會致力於華文教育的發展，可代表了華文教育在東南亞重新出發的三種模式：泰國基礎教育的民辦華文學校體系和高等教育的華僑大學創立；印尼三語學校和有中文部國際學校的興起；新加坡恢復華語為國家語言的努力。

　　本文將對泰國和印尼二國1990年代以來，政府解禁華文教育過程，以及他們發展出的新模式進一步討論，當有助於思考華文教育的未來走向。至於新加坡，因為是一個以華人占大多數的城市國家，在華語復興經驗中暫略而不談。

一、泰國華教復興運動

　　泰國是最早對華文教育採取限制的國家（參見表8），泰國華文學校從1948年起即受到政府嚴厲的限制。直到1988年5月24日，泰國福建會館副理事長蔡志偉在《星暹日報》發表〈泰國華文教育是否患上了不治之症〉一文，此文見諸報端後，震撼了泰華社會。[28]華人社團為此迴響熱烈，因而多次召開會議商談振興華教事宜，引發了泰華社會1980年代末一場聲勢浩大的復興華文教育運動。泰國教育基金會主席謝慧如、報善德堂董事長鄭午樓、中華總商會副主席丁家駿等僑領，多方與政府溝通，請求開放華文教育。

　　1990年11月，泰國克立親王在《泰國日報》的專欄中撰文談華文教育，指出中國人吞食整個泰國已是多年的問題，華文教育不會危害國家安全，學習華文獲益者首先是泰人，其次才是華人。曾任

---

[28]　高瑪琍〈泰國華文教育的現狀和前景〉《八桂僑史》1995年，頁48。

泰教育部部長的甲森・詩里三攀也多次談到發展華文教育和華文學校是泰國當務之急，他在1991年要求政府准允華校設幼稚園，准允華校課授華文班延到小學六年級，准允協會、公會、基金會設立華文專修學院。在泰華社會和主流社會的重量級人士的呼籲和共同努力下，泰國政府也有所回應。據統計，至1990年1月1日，在民辦教育委員會公署管轄下的課授華文學校約130家，華文教師約550人。

1991年7月後，阿南・班耶拉春被泰王任命為總理組成臨時政府。阿南應民間的強烈要求，在1992年終於宣佈放寬對華文教育的管制。此後，儘管泰國的政府更替頻繁，均對民辦華文學校採取支持的態度，並鼓勵主流教育體系也發展華文教育。1992年1月，阿南內閣通過決議，將華文教育視為外語教育，並將華文列為首選外文。同年2月，內閣通過了全面開放華校的法令，主要內容為：

一、華校可開設幼稚園；

二、華校可由原有的波一至波四擴展至波六班；

三、華校可增設華文中學；

四、各夜校可自由課授華文；

五、允許聘請國外華文教師至泰國各類學校課授華文，不必通過泰文的師資考試。[29]

新政策對泰國華教帶來一番新氣象，主要表現在兩方面：

一、華文授課年限延長。新政策規定華文民校可以在小學五到六年增加華文課程，並且批准可以開辦幼稚園以此來增加小學學生來源。中學也可開設華文課程，使小學畢業生升入中學後可以繼續學習華文，保持華文教育的連續性。

二、華文教師待遇提高。政府一方面放寬對華文教師的資格限

---

[29] 李玉年〈泰國華文學校的世紀滄桑〉《東南文化》2007年，頁75；亢延坤〈泰國華文教育初探〉《八桂僑刊》2009年，頁60。

制，解決教師短缺問題；准許聘請具有學士學位，但不懂泰文的外籍教師來泰國任教，每次兩年。另一方面提高了華文教師的待遇，規定各類學校中的華文教師可以享受和教授英語及其他外語的外教享受一樣的待遇。

隨著泰國政對華文政策的放寬，泰國熱心華文教育的各界人士也開始紛紛復辦華文教育，華文學校如雨後春筍，紛紛設立，想要學習華文的學生人數也在迅速增加。1990年初由華僑報德善堂理事長鄭午樓博士倡議創建的華僑崇聖大學，更是泰國華文教育史上的里程碑。[30]該大學於1992年6月開始招收第一批學生。1994年基礎建設全部完工。崇聖大學的重大意義不僅在於其建築設施的完善，教學設施的先進，更重要的在於推動泰國華文教育具有不可估量的意義。如今該校已發展為有資格授予學士、碩士學位的11個學院約30個系（專業），並在曼谷市中心增設舉辦進修培訓和學術研討活動的「育社分校」。

在華文教育方面，崇聖大學更是有突出貢獻。1995年該校與泰國教育部師範廳會甲森師範大學聯合開辦華文師範學院；1997年春又與教育部師範廳和技藝廳合作，開辦兩年制的華文師資準學士專班，因此緩了泰國華文教師短缺的壓力，起了振興華教的作用。[31]

二、印尼的三語學校

印尼在1965年「九三〇」政變後，1966年4月，政府關閉並接管了所有629所華校，規定一概不准有外國學校的存在。1967年，政府頒佈《解決華人問題的基本政策》，推行全面同化華人的政策，宣佈全面禁止華文教育，華校、華文報紙華僑社團被封閉，禁

---

[30] 華僑崇聖大學是一所現代化的綜合性大學，是繼新加坡南洋大學之後，華人集資興建的全世界唯一的一所私立高等學府。

[31] 周海燕〈當代泰國華文教育之管見〉《宿州師專學報》2003，頁94。

止發行及進口華文讀物，禁止懸掛華文廣告及招牌，此是戰後排華最激烈、對華文教育採取最嚴厲措施的國家。不言可諭其中意味著從制度上全面排華。

（一）印尼對華文教育解禁的過程

直到1990年8月8日印尼與中國大陸恢復了斷絕23年的外交關係，對華文教育的管制開始鬆動，自然部分也反應了中國經濟崛起的現實情勢。1991年8月，雅加達市人口局局長索納朱達季向新聞局證實，雅加達市政府從8月1日起，取消60萬印尼籍華人身分證上的特別代號「0」，以保證這些市民在政治上享有與本土居民同等的權利。[32]這是印尼近25年來首度釋放對華人的善意。

1991年印尼政府批准雅加達臺商子弟學校成立，實為一大的突破。1995年再准許泗水建立第二所臺校。這是臺商對印尼投資得到肯定，也顯示印尼政府對華文教育已不再視為禁忌。

1994年後，印尼政府逐步放寬華文政策，主要表現在以下幾方面：

一、1994年8月，印尼政治和治安事務統籌部長斯西羅‧斯達兒曼宣佈：在酒店、旅行社可以使用華文印刷旅遊宣傳品和資料。華文旅遊手冊指定由官辦的《印尼日報》印刷。1995年11月初，政府允許電視臺播放華文歌曲和使用漢字。

二、指定國立印尼大學和私立珀爾沙達大學的中文系開設漢語必修課程，培養漢語高級人才；在雅加達的特立剎迪大學、泗水的伯特拉基督教大學等多所高等院校開設漢語系和漢語專業，以因應新形勢下對漢語人才的需要；此前，只有國立印尼大學及私立達兒瑪‧佩薩達大學設有中文

---

[32] 1991年8月24日《印尼時報》。

系，各有學生200多人，絕大多數為原住民子女。

三、由旅遊部與文教部牽頭，舉辦華文補習班，培訓旅遊業所需華語人才。後來又鼓勵華人舉辦各級各類華文補習班，使得補習班的教學，成為1990年代印尼華文教育的發展最快的一種模式。

四、政府批准各地旅遊院校可以開設漢語選修課程。在西加里曼丹、廖內、蘇北、巴領旁、峇里島等地區華文將列為中、小學的主要選修課程，而在雅加達華人開辦的聖光學校及其他地方華人學校都將華文列為必修課程。[33]

然而，印尼的保守勢力並未放鬆對華人的戒心。例如，副總統蘇特斯里諾1995年1月25日公開說：「取得印尼籍的公民，不論是誰或隸屬哪個民族都必須受印尼同化。印尼政府從未達成任何政治協議准許華裔照他們祖先的文化生活。」[34]武裝部隊社會政治參謀長哈托諾1994年9月發表的一篇論文認為：「華人握有經濟大權是種族仇恨的根源，華人喜歡緊密團聚在封閉圈子裡，不願與印尼人打成一片。應該提防開放中國投資後可能產生的特定文化影響。」[35]

1997年亞洲金融風暴，印尼經濟遭受重創，印尼盾空前貶值。1998年，全國瀰漫對政府政策的不滿，並引發大規模「黑色五月暴動」。蘇哈托政府為轉移群眾的不滿，在暴動中刻意發動了「五一三排華事件」。[36]這是繼1965年以來印尼最殘暴的排華事件，雖是危機也是轉機。長期執政的蘇哈托政權因此倒臺。副總統哈比比

---

[33] 黃昆章〈印尼華文教育的回顧與展望〉《八桂僑史》1998年，頁5。

[34] 美國《世界日報》1995年1月26日。

[35] 香港《亞洲週刊》1994年9月1日。

[36] 1998年「黑色五月暴動」（印尼文：Kerusuhan Mei 1998，英文：The May 1998 riots of Indonesia）。當時大學生示威抗議、對蘇哈托表達不滿，遭軍警開槍鎮壓，觸發暴亂。5月13日星期五，一些暴徒開始焚燒搶掠華人商店住所，有百計華裔婦女被強暴，逾千人死亡。據不完全統計，暴亂期間，僅印尼首都雅加達就有5000多家華人工廠店鋪、房屋住宅被燒毀，約170名華人婦女被強暴，近1200名華人被屠殺，同時發生在梭羅、巴領旁、楠榜、泗水、棉蘭等地的類似暴亂亦造成華人生命財產損失。蘇哈托被迫於1998年5月下臺，結束32年執政。華文媒體稱之為1998年「五一三」排華事件。

（Bacharuddin Jusuf Habibie, 1936-2019）5月21日接任第三任總統，他和第四任總統瓦希德（Abdurrahman Wahid, 1940-2009）兩位總統在任的三年多期間（1998年5月21日-1999年10月20日；1999年10月20日-2001年7月23日），是印尼對華人族裔政策的大解禁時期。

1998年5月26日，哈比比視察了雅加達「黑色五月暴動」，重災區——華人居住的克羅托克商業區。他說：「在印尼我們不認可人民之間的種族或宗教分歧。我們不會容忍任何形式的種族主義。」，1998年8月14日，哈比比在會見棕櫚製造商時表示，要平等對待各民族，包括華人。他說：「我們不能按照宗教和民族區分印尼人。我們大家都是印尼人。」

1998年9月16日，哈比比簽署第26號總統決定書，取消對華人的歧視。法令要求政府機構和官員平等對待國內的所有公民，取消各種形式的部族、宗教和民族歧視。要求政府各級領導人不要再使用「原住民」和「非原主民」的稱呼；重新審查在商業和政府領域中各種不公平的法律或政府的規定，這些領域包括頒發許可證、財政和銀行、教育、衛生、就業和工資條例等。

1999年5月5日，哈比比再次發佈總統決定書，指示政府各部門解除、廢除不准教授華語的禁令，廢除華人在獲得印尼公民權後仍受到歧視的規定。同時還要求政府各部部長、國家機關負責人、省長、市長和縣長等落實早些時候發佈的關於禁止政府機關和官員對任何種族的印尼人進行歧視的命令。[37]哈比比上臺後釋放了一批政治犯，開放輿論，允許發行有不同政見的書籍，解除黨禁。

1998年10月及11月，人民協商會議討論通過、1999年2月1日由哈比比簽署，公佈第2號《政黨法》、第3號《大選法》、第4號《人民協商會議、國會和地方議會組織結構法》等法規。這些全國性的法規都適用於華人。[38]隨著這些法令的施行，應運而生

---

[37] 朱陸民〈二戰後印尼華族政治地位變遷研究〉暨南大學博士論文，2005年，頁136-137。
[38] 黃昆章《印尼華僑華人史（1950至2004年）》廣東高等教育出版社，2005年，頁299。

的是，華人政黨和社團、大量的報紙、雜誌也紛紛出現。在哈比比執政的第一年內，出版的媒體由280種增加到1,398種。電臺由996家增長到1,070家，私人電臺也增加了5家。[39]被取締了30多年的華人新聞業也開始復甦，如在雅加達就有《增益月刊》（印尼文版）、《呼聲》（印尼文、華文和英文）、印尼大同黨主辦的《草埔標準報》（印尼文）以及印尼中華改革黨主辦的《龍吟》週刊（印尼文）等。

印尼第四任總統瓦希德在當選總統前，接受香港《亞洲週刊》專訪時指出：「全球華人必須效忠他們所出生或成為公民的國家，但絕對不能放棄中華文化。」[40]1999年10月，瓦希德總統發出了第6號政令，撤銷行之30多年限制華人文化與宗教生活的第14號政令，華人自此可以公開過春節。政府還恢復了孔教的合法地位，解除禁止使用華文的禁令。

2001年初，瓦希德總統在慶祝華人新年發表演講說：那些被迫更改華人姓名的人，現在可以恢復他們原來的名字。2001年5月，印尼與中國教育部門代表簽署在印尼舉辦漢語水準考試（HSK）的協議書。第一次漢語水準考試於2001年10月在雅加達等4城市舉行，有1,192人報名參加考試。HSK考點的設立，極大地推動了印尼華文教育的發展。2001年7月23日，執政的梅加瓦蒂政府繼續實行前屆政府的方針。2001年8月印尼教育部正式頒佈決定書，允許開辦華文學校和其他外語學校，不受任何限制，大學可以開辦華文系。印尼教育部長強調，政府將使華文與英文、日文享有同等的地位。

（二）印尼華教的春天：復校運動與三語學校的興起

1998年後歷經三任總統的開放政策，心有餘悸的華人才似乎吃

---

[39] 張祖興〈評哈比比執政時期印尼的政治改革〉《東南亞研究》2002(02)：47-51，頁48。
[40] 楊陽〈二戰後印尼政府的華人政策與華人參政〉《東南學術》2003(02)：87-94，頁91。

了定心丸，印尼各地展開一波復校運動。復校運動的倡議者大都是原華校校友會的老前輩，幾乎都是五十年前在華校念過書的華校學生，如今都是六十歲以上的老人。中斷了整整一代（30年）的華文教育，他們的下一代多數都沒有正規學習過中文。現在要為孫輩（第三代華裔）或者曾孫輩（第四代華裔）興辦以中文為教學語言的學校。他們最大的願望是恢復1967年被關閉的華校的名字，合法學習華文的學校。那些原有華校，如雅加達的八華學校、巴中學校，泗水的新中學校，瑪琅的瑪中學校，棉蘭的崇文學校和萬隆的僑中學校等等。就像重回美好的舊日時光good old day。

許多人將印尼的華校復校運動是完全恢復了1967年以前的華校，這是錯誤的，事實上，印尼的教育當局只對「學習華語」解禁，並未開放以華語為教學語言的華校。對國民教育階段的學校（K-9）所有的課程都必須依照政府的規定，印尼語仍是主要語言。華語是一門外語。因此復校只恢復了校名和過去的校產，所以華社只能在學校開設有限的中文課。部分學校為了脫離政府的管制，實際辦的是國際學校，如此可大方的設立中文部，開設較多的中文課。這是三語學校在印尼發展的背景。

梁英明認為：「三語學校」[41]的出現受到印尼華人社會的廣泛歡迎和支持，也符合印尼國家利益和社會發展進步的需要。然而，我們必須清醒地認識到，「三語學校」的出現並不是某些人所期盼的「華文教育的復興」，也不是「從華僑教育轉型為華人教育」的結果。但有兩個概念需要澄清：首先，「三語學校」與「華文學校」的性質是全然不同的。前者只有華文教學（Chinese language teaching, or

---

[41] 「三語學校」是一種新型的國民學校，它從屬於印尼國民教育體系，它的課程設置和教學內容也必須符合當地教育部門的規定，而不是像過去的華校那樣游離於印尼國民教育體系之外。三語學校是一種新型的多語言學校（multilingual school），華文只是「三語學校」的一門語言課程。「三語學校」的學生並不限於華裔。大部分的「三語學校」僅僅將華文作為一門語言文化課程來講授，自然也不可能使印尼的「三語學校」變成華文學校。其次，在「三語學校」或其他學校裡，只有華文教學（Chinese language teaching, or Chinese study）問題，而不存在華文教育問題。

Chinese study）問題，而不存在華文教育問題。[42]即便如此，印尼華社仍將政府開放30年的管制，視為難得的機運。「三語學校」的出現是有積極意義的，是華社所樂見和讚許的。三語學校使印尼青年一代（不限華裔）有更多的人學習華文，瞭解華人的歷史與文化。

第六節　小結

鴉片戰爭後，近代中國走進世界格局，華工納入全球生產市場後，華人移民就不再只是中國的問題。戰後東南亞國家獨立後，少部分敏感的華人領袖，比較注意入籍和公民權問題。新興國家因國力不足，尚無足夠資源發展國民教育，僑校體系因此多少填補了一些教育的任務，新政府對華人的教育一開始也採取放任的態度。一般認為最不敏感的文化教育仍積極發展，戰後10年（1945-1955）有華文教育黃金10年之稱。

當國際冷戰格局形成時，華人社會必須面對複雜的國際局勢，並須和殖民帝國與獨立後的種族主義者周旋。在意識形態的鬥爭大於兵刃的時局中，華文教育無形中強化了華人的族群認同與文化認同，也因在抗拒外侮的時代中無畏地成長茁壯，使它更具有濃厚的民族主義色彩，更強化華人的政治認同。1955年以後，華人的身分（國籍）問題逐漸定位後，華文教育幾乎失去了母國支持的正當性，就結果而言，除了馬來西亞，在1965年之後在東南亞幾乎全面衰落[43]。經北美

---

[42] 梁英明〈從中華學堂到三語學校——論印尼現代華文學校的發展與演變〉《華僑華人歷史研究》2013(02)：1-12，第10-11頁。

[43] 1945年二次大戰結束後，東南亞各國相繼宣布獨立，且屬行民族同化教育政策，我僑民為能落地生根，多數入籍為當地公民，當地國政府對於受我國督導之華僑學校不是連根剷除、強制停辦，就是將之納入國家教育體系，迫其轉型為當地教育體系下之「華文學校」，並嚴格限制其華文授課內容與時數。各地僑校因而大量被迫停辦，抑或併入當地國教育體系，中文授課時數皆受當地法規嚴格限制，對華僑教育多有打壓排擠事件發生，並嚴格限制其華文授課內容與時數。華僑雖有所抗爭，但大多皆欲振乏力，不得已，華僑教育逐漸轉變為體制外之『華文教育』，所以自民國49年（1960）以後，東南亞各國之華文教育，陷入長達20餘年之全面休眠、直到

的中文學校的興起和臺灣對僑教的持續努力，[44]維持了一絲血脈。

　　1975年東南亞各國恢復與了與中國大陸的外交關係，1990年前後，冷戰時期意識形態的對立逐漸退卻，全球化時代來臨，中國的改革開放成果顯現，華人新移民遍佈世界。對華文教育而言這是一個新的局面：源自北美的中文學校發成全球華人普遍採納的「週末制中文學校」。東南亞各國普遍開放對華文教育的管制，發展出有中文課程的「民辦學校」和「三語學校」的模式，為華文教育帶來新契機。然而畢竟隔了一個世代，1960年代前的「僑教模式」不可能回頭，復辦或新辦的華校，仍然須遵守居住國的教育法令，因此少部分地區華人努力創辦高等教育的大學，如馬來西亞的幾所大學學院，[45]泰國的華僑崇聖大學，甚至如廈門大學的馬來西亞分校。但他們都被限制不能用華語做為教學語言，只能稱為具有華教特色的大學。

　　掌握華人移民的動態和華人社會整體變化，是研究華文教育的前提。這一波（1990年代）的華文教育雖然不能回到美好的過去，但是在東南亞華人社會出現了一種「再華化」的現象。日本京都大學東南亞研究所教授施蘊玲（Caroline Hau，菲律賓華裔）指出：

　　　2000年以後，它是指華人群體過去曾被貶低、被壓抑的華人

民國69年（1980）中期，隨著華人社會政治力與經濟力崛起，華文成為具有實際價值之「功能語言」，才再度激起全球學習華文之風潮。

[44] 僑委會為了瞭解僑心、體察僑情、認識僑教，努力經營與策劃，長年輔導協助海外各地僑校的營運，提供教材教具及經費補助等方式，幫助海外華文教育發展工作，平均每年提供約100萬冊教材予海外僑校使用，提供經費充實僑校軟硬建設及辦理各項文教活動。另為協助海外僑校提升師資專業水平，每年舉辦「海外教師研習會」及「海外教師回臺研習班」活動，因此每年的預算約有半數用於推展海外文教活動。加強僑教與主流教學接軌是當前僑教工作的重點任務，僑委會又積極與國內各華語文系所及產業界合作，強化海外教師培訓、教材編纂外，更積極鼓勵海外僑教體系，增進與主流社會合作，蓄積臺灣華語文整體對外發展之能量與影響力。

[45] 大學學院（University College）是馬來西亞政府在2012-2016年間，允許幾所華文學院升格為一種「准大學」的特殊學制，共有三所：南方大學學院（2012）、韓江大學學院（2014）、新紀元大學學院（2016）。

性（Chineseness）的復興；廣義地說，它是指東南亞和其他地區華人持有公開而活躍的族群身分認同，華人在當地社會的接受度。[46]

　　兩岸的學界一度頗為強調因為華人性的復興，東南亞的華人有「再華化」（Re-Sinification）的現象，[47]也為此發表了不少論文。[48]但在2000年左右隨著中國經濟持續的高速增長，「中國威脅論」的聲量在國際蔓延，中國大陸學界就較少強調這個概念，劉宏改用「跨國華人」（transnational Chinese）代之，以免引起華人移居國的顧忌。[49]這是海外華人傳承族裔語言文化與中國大陸或臺灣向國際社會傳播中華文化，為爭取國際話語權都應有所警惕的。

[46] Caroline Hau, "Becoming'Chinese' in Southeast Asia", in Peter J. Katzenstein（ed.）, Sinicization and the Rise of China, London and New York: Routledge, 2012. pp. 175-206．王純強〈書評："The Chinese Question: Ethnicity, Nation, and Region in and Beyond the Philippines", Caroline S. Hau〉《華人研究國際學報》Vol. 06, No. 02, pp. 105-107（2014）。該書由新加坡國立大學出版（Singapore: National University of Singapore Press, 2014）

[47] 「華化」一詞的英譯尚未統一，有幾個不同的用字：Sinicization, Sinification, Sinicisation

[48] 劉宏（Liu, Hong）是較早提出「再華化」（Re-Sinification）概念的學者，他在1998年發表的一篇論文：「Old Linkage, New Networks: The Globalization of Overseas Chinese Voluntary Associations and its Implications,」The China Quarterly, No.155, September: 582-609. 後續的論文，舉例而言有：臺灣：李衍造〈再華化的意義：探討旅臺馬印僑生文化認同的異同〉臺中：暨南國際大學碩士論文，2008；中國大陸：張小倩〈二十一世紀以來印尼華人「再華化」現象研究〉《世界民族》2016年01期；代帆〈東南亞的中國新移民及其影響〉《東南亞研究》2011年第2期；香港：吳益婷〈東南亞華裔的「再華化」爭議　馬來西亞的經驗〉（Revisiting Resinicisation Discourse on Ethnic Chinese in Southeast Asia The Case of Malaysia）《香港社會科學學報》第55期2020年春／夏季。

[49] 參見：劉宏（2002）〈跨國華人：實證分析與理論思考〉《二十一世紀》香港：香港中文大學出版社；劉宏（2009）〈當代華人新移民的跨國實踐與人才環流——英國與新加坡的比較研究〉《中山大學學報》（社會科學版）49(06):165-176.；劉宏（2010）〈海外華人與崛起的中國：歷史性、國家與國際關係〉《開放時代》總第218期，79-93。

第四章
僑務委員會與海外僑教

第一節　僑務委員會為歷史性的部會

僑務委員會是專為服務僑胞而設的單位，特別著重於海外僑民教育的推展，此為攸關文化紮根與傳承工作，更是推動僑社發展與傳承工作的橋樑，在政府以「愛僑、護僑、利僑」之原則下僑教之政策，已因應不同的時代形勢，擔當不同的時代任務，其功厥偉，自不在話下。

早期臺灣之華語文教育主要以僑教為主，華僑教育與華語文教育息息相關，於二次世界大戰後，當時絕大多數華僑因該地國家之政策規定，紛紛加入當地國籍，再加上僑民教育亦因當地政府不同程度的限制。因此，華僑教育逐步演變為如今所謂的「海外華文教育」，成為華僑、華人及其他學習中文的人士學習中國語言文化課程的教育[1]。

半個世紀以來，臺灣僑民教育政策一向以面向海洋及全球化作為思考模式，從昔日「無僑教即無僑務」、「華僑為革命之母」等理念，逐步發展為應用現代科技來教育輔導及服務海外僑民，推動「推動華文教育，宣揚華人文化促進族群融合」為方針。多年來，我國僑教政策在因應國際政經局勢、兩岸關係及全球化趨勢等種種

---

[1] 參考董鵬程、方麗娜〈臺灣地區社外華文教育的歷史與現狀〉《華僑華人研究報告 2013》北京：社會科學文獻出版社，2014年1月，頁311。

複雜及動態的環境因素外,與現實主義外交政策雙管齊下,以漸進及機動方式調整步伐。

近年來為掌握現今海外華語文市場而擴展契機,僑務委員會具體規劃以美國及歐洲為主要地區,訂定「海外華語文學習深耕計畫」,為達到《2030雙語政策》目標,教育部、外交部與僑委會共同推動「華語教育2025計畫」。在此穩定基礎下,「海外華語文學習深耕計畫」聚焦三大策略,此僑教政策包括語言、文化、教育、交流等連結機制,策略說明如下:

一、輔助既有僑民學校,成立臺灣華語文學習中心;臺灣華語文學習中心中英文名稱統一為「臺灣華語文學習中心 Taiwan Center for Mandarin Learning」。

二、培育更多連結歐美主流的臺裔教師,同時鼓勵僑校促進國際合作同時鼓勵僑校教師修習教育學,而取得教師執照,進入主流中小學任教,並與主流學校所有華語文老師保持交流與合作;

三、強化臺灣華語文智能教育產業進軍國際。加強與臺灣的華語教學機構和智能教育產業合作。

僑委會另訂協輔措施:

1. 供應教材(教材內容可參見「全球華文網」／電子書城專區。)
2. 經費補助(包括華語文課程教師鐘點費)
3. 辦理招生或文教活動費
4. 提供負責人及行政管理人員經營管理培訓
5. 提供師資培訓
6. 協助推廣:提供臺灣華語文學習中心學生參加本會華語文相關競賽、青年活動(語文研習班、英語服務營等)的機會、輔助臺灣華語文學習中心學生參加華測,並酌予補助經費等等。

僑委會更充分運用臺灣教學及數位科技方面之資源以數位僑教之理念與作為，協助海外僑民。隨著國際政經環境的變遷，海外僑社也承擔了新的衝擊和挑戰。

　　尤其於歐美地區推動設立臺灣華語文學習中心，此學習中心具有民主、自由、多元、開放等優勢與特色，一方面與歐美社會基本價值相符，一方面各臺灣華語文學習中心亦由各地營運之僑校（團）針對學生需求設計符合當地社會人士所需之語文及文化課程，因此陸續吸引當地政府官員、學區主管、教授、工程師報讀，相關成果多獲得美國在臺協會（AIT）的肯定與支持，透過臺灣華語文學習中心，已將臺灣華語文之美陸續推廣至海外各地，深入至歐美主流社區分享臺灣華語文教育，不僅提供當地主流社會成年人士學習具臺灣特色之華語文，並邀請學習華語之歐美青年到臺灣參加青年營隊、語文班、觀摩團與英語服務營，直接體驗臺灣的文化與生活，藉此推動雙向文化交流和語言學習，可謂經僑委會細心擘劃，至今成績斐然。

　　由於臺灣近年來面臨特殊處境的變化，僑務工作除對維繫當地具政經角色的僑民，更積極為國拓展外交關係，使僑務工作與外交雙管齊下拓展，致使今日外交政策的改變與僑務政策強化為相輔相成之關鍵力量，在語文學習及文化傳承的教育中，凸顯臺灣「民主價值」，建構「臺灣主體」的價值觀與國際接軌意向，提高臺灣能見度為今日僑委會之重要目標，為共創華語文教學新環境，董鵬程理事長生前曾有所建言，其殷殷叮囑，語重心長，雖哲人已萎，然典範猶在，念茲在茲如下：

1. 擬定多元時代華教新方案，拓展華教新領域
2. 配合E時代數位華語文教學發展佈局全球
3. 匯集海內外教學資源提升華語文專業知能

4. 建立以完整華語文教學資源供應交流平台
5. 培育華語文教師進入當地國主流教育體系
6. 合作開發海外華語文教材並制定課程標準

下一章節為僑委會歷史性之溯源探討，因與國家歷史長相左右，其「貢獻卓著，功標青史」亦須追本溯源也。

第二節　僑務委員會（簡稱僑委會）歷時性記事[2]

民國15年 （1926）	中國國民黨在在廣州召開第二次全國代表大會籌組「僑務委員會」，隸屬國民政府。
民國17年 （1928）	國民政府明令大會，組織「僑務委員會」。
民國20年 （1931）	「僑務委員會」成立，設置常務委員若干人，其下分設祕書、僑務管理和僑民教育三處，隸屬國民黨。
民國21年 （1932）	僑委會改隸行政院至今，改組後即刻頒訂「指導僑生回國升學規程」。
民國22年 （1933）	海外各地排華之風漸盛，僑委會實施保護僑民辦法，「發給歸僑民國內考察護照暫行辦法」，保護僑民旅途的安全。（僑務委員會，1990）。
民國46年 （1957）	國民大會制定頒布之《中華民國憲法》，將僑列入「基本國策」，明訂應扶助並保護僑居國外之國民經濟事業發展。
民國74年 （1985）	教育部、僑務委員會會銜發布之「華僑學校規程」規定；華僑小學及中等學校以僑務委員會為主管機關；華僑大專校院以教育部為主管機關（高崇雲2006）僑委會附設之空中學校開設有初、中、高三級華語會話、中華文化、中華歷史及商用華語等六種課程。

---

[2]　歷時性記事參考網址來源：維基百科。

民國87-93年 （1998-2004）	僑委會於1998年依據行政院「國家資訊通信基本建設（NII）計畫」，規劃建置「全球華文網路教育中心」。此網站結合產官學研之共同努力，於1998年12月啓用，藉由多媒體、多語系網頁主題，成為網路數位教材（含文化類、影音類）、學術資料的呈現平台。該網站建置至今，已陸續完成製作57種語文類數位教材，提供海外人士自網路下載。國內外訪客瀏覽人次已超過700萬人次，每月平均有30幾萬點閱人次，海外和國內的使用者各占50%，成為全球最受歡迎的華語文網站之一。 2003年3月份起開始進行網站整合工作，並將網站之教學資源建置符合SCORM標準之平台，建立METADATA，將教學資料逐步轉換成單一元件及素材，供使用者拆解、下載運用。 2004年1月1日正式更新為現有網站，使用者只要將關鍵字輸入，即可搜尋及下載所需教材元件或素材。此一平台，開創了教材素材元件分享、華語教材模組化之新紀元，方便全球華語教材素材元件分享、華語教材模組化之新紀元，方便全球華語教師在地打造需要之適性化教材，為華語教學史上創新、領先的一大步。 全球華文網最大之特色：：以Web 2.0「持續創新」、「資訊分享」、「社群互動」及「群體智慧」等觀念，吸引大量網站使用者加入平台所開發之部落格、討論區、Moodle線上教學等園地。 擴增師資培訓課程，委託中央廣播電臺透過「臺北國際之聲」及「中亞洲之聲」，每天全球轉播。 訂閱國內報紙或優良期刊雜誌，寄贈海外各地華僑文教服務（活動）中心、僑團、僑校、圖書館及偏遠地區僑胞，供僑界瞭解國內訊息。 中華函授學校每年以函授及空中教學（空中書院）提供僑民終身學習機會，修業年限各為一年，學生遍及五大洲。每年更在國內辦理「海外華裔青年回國觀摩團」、「海外華裔青年暑期返國研習團」及「華裔青年語文研習班」等活動，並遴派民俗文化教師赴海外巡迴教學，派遣慶典綜藝訪問團赴海外巡迴訪演。
民國95年 （2006）	僑務委員會的英文譯名由Overseas Chinese Affairs Council改為Overseas Community Affairs Council，以避免在海外與中華人民共和國產生混淆。
民國97年-107年 （2008-2018）	2008年國民黨馬英九當選總統，兩岸接受「外交休兵」、「活路外交」，兩岸僑社此時關係和緩。由競爭走向雙贏，建構我國僑教政策新視野。 2000年政黨輪替，民主進步黨執政，臺灣本土意識抬頭，政策逐漸落實本土化－「統獨之戰」，2018年吳新興委員長改「華僑」為「僑民」。華僑通訊社改為「僑務通訊社」。 政黨輪替後，蔡政府執政以「維持現狀」為由，加速「課綱微調」，2018年進入新冷戰格局下的華語文發展時期。

民國107年 （2018-迄今）	至2018年12月，中國已在全球154個國家和地區建立了548所孔子學院、1,193個中小學孔子課堂，學員總數達187萬人。2020年8月13日，美國將孔子學院在美國的總部「孔子學院美國中心」列為外國使團，2020年9月1日，美國國務卿龐培奧（Mike Pompeo）將美國大學校園內孔子學院在2020年底前全數關閉。歐美各國陸續傳出抵制的聲浪。 美國和台灣簽署《台美國際教育合作了解備忘錄》，啟動「台美教育倡議」，提升兩地語言教學合作。 台灣2021年開始積極開拓國際華語教學市場，於2020年10月公布「語言學習計畫」，並於同年12月啟動臺美教育倡議，與我國簽署臺美國際教育合作瞭解備忘錄（MOU）。 僑委會2022年正式辦理「臺灣華語文學習中心設置計畫」，現有43所臺灣華語文學習中心在歐美地區發芽茁壯。2023年續設立達66所，分布於美國54所；英國、法國及德國各2所，以及奧地利、愛爾蘭、匈牙利、瑞典、比利時及捷克各1所。

第三節　生根要落地，活水源頭來

從『華僑教育』到『華文教育』的遞變

　　華人移居海外遠可溯自17世紀，因努力、勤勞、節儉、堅忍而能在僑居國創立基業。最值得稱道者當為華人有興教辦學之傳統，『華僑學校』之設立，其間歷經興衰過程。第二次世界大戰結束後，中國成為勝利國五強之一，東南亞華僑學校如雨後春筍般發展，當時有華僑學校五千多所，學生達百萬人。

　　華僑教育之基礎係傳承中華儒家文化，初始僅是僑民對祖國懷有孺慕之愛，並未吸收與參雜當地文化及西學的成分，因此相對難免有封閉之時，亦難與僑居國教育體系融合交融。當時東南亞多為殖民地國家，雖對華人教育及貧富差距懸殊有所不滿，然尚能相安無事。

　　自東南亞國家脫離殖民國統治，而獨立建國後，民族主義抬頭，對華僑教育多有打壓排擠事件，華僑教育面對當地政府和主流

社會不利情況下，不但對華人實施同化政策，且諸多限制、禁止或納入當地國教育體系中。為此多有舉步維艱之感，華僑雖有所抗爭，但大多皆欲振乏力，不得已，華僑教育逐漸轉變為體制外之海外華僑或外籍人士學習中國語言文化的課程『華文教育』。

1、僑民教育

「僑」字之義為「寄居海外」，故僑民即指寄居海外的同胞；在「僑民教育」方面可定義為「僑民所辦的教育」（如各地的華文學校）與「政府對僑民所施的教育」（如海外台灣學校—台商子弟學校）。僑務委員會第二處（僑教處）的業務主要即是針對前者（廣義的僑民、僑胞）的服務，其工作包含：輔導海外僑校、培訓華文師資、推廣各項文化社教活動及辦理多元華裔青年活動等；而針對「政府對僑民所施的教育」的服務，如：海外臺灣學校，則由教育部僑教會主責，惟其教科書仍由僑委會提供。此時從僑民教育走向華文教育，因此面臨的教育環境及學生來源及需求目標及學習華語文日漸積極的大環境下，在全球的華語文市場上、臺灣在華人文化及華文教育更應發揮優勢。

自1980年代開始，中國大陸改革開放、政經實力崛起，臺灣創造之經濟奇蹟，推動臺商南進東南亞投資設廠，華語文遂為強勢商業語言。由於海外僑民分佈日益增廣，至1990年代所興起的「華語熱」席捲全球，各重要國家，無不展現對華語文的高度重視與需求。影響地區不再侷限東南亞，學習對象更自華裔擴及外籍人士，他們有不同的學習動機，從融合型動機（integrative motivation）[3]、工具型動機（instrumental motivation）[4]、求知型動機（inquisitive

---

[3] 融合型動機學習者在學習華語時不單單只是學習語言，他們更希望能了解語言背後所蘊含代表的價值、信仰、思維、文化等層面。（Csizér & Dörnyei, 2005；Gardner & Lambert,1972）

[4] 工具型動機語言學習視作一種「工具」，（Gardner & Lambert, 1972）強調語言學習的目的性、功能性與效用性。

motivation）[5]、人際型動機（interpersonal motivation）[6]、意識形態型動機（ideologica motivation）[7]，華語文遂為強勢商業語言，因此華語教師教學即有不同調整的教學策略，華文教育的傳承僑民分佈也日益增廣.海外僑教在各教育先進國家都重視華語文的當下，華文教育的傳承僑民教育在地轉型為華語文教育（1945-1980），及在地化原則推廣全球化之原型為華語文教育（1945-1980），及在地化原則推廣全球化之原則（1980-迄今）[8]。

當「華僑」變成擁有居住國國籍的「華人」，致使「華僑學校」也相繼轉型為「華文學校」。雖然都是教授中國語言、文化的「華文學校」，但教育的性質、對象、宗旨、教育內容、媒介用語、歸屬、管理體制等皆有所不同，華文教育需求甚亟。

因此辦理僑民教育勢在必行，更具功效及意義：第一：滿足華人熱愛教育的願望：華人熱愛教育的精神，其意義之重大，非接觸僑教者不能體悟。第二：推動不露痕跡的外交工作。平時，僑民教育工作即是一國外交的哨兵，因為僑民生活在當地國家，與當地人文政經狀況，自然多有接觸，僑民即可成為外交的義工；「沒有僑教就沒有僑務」是僑委會的口號，可見所謂「僑務可扮演外交第二軌道的角色」。第三：符應全球學習華語文熱潮：其實滿足全球華語文熱的主要市場應是散佈各地的華文學校[9]。

---

[5]　求知型動機學習華語對他們來說是在滿足個人「知」的需求。

[6]　人際型動機學習語言主要是為了「結交朋友」，滿足個人人際開展的需求。

[7]　意識形態型動機的形成乃是受到大中華文化意識形態影響所致，換言之，學習中文被視為民族認同的表徵，學習中文被視為與華人原生社會文化連結的一項工具（Wong, 1992）。

[8]　參考黃正杰〈變動環境中僑教工作的現況與展望〉《世界華文會.華文世界》117期，2016.06。

[9]　參考何福田〈辦理僑民教育的意義〉【國家教育研究院.師苑鐸聲】，第23卷第2期.95年04。

2、華語文教育

「華文教育」之定義：

「華文教育係華人在入籍國對華僑、華人子女以及其他要求學習中文的人士施以中華民族語言文化的教育，也包括我國在國內開辦的面向海外的華文教育。」，「華語文教育」一詞，或稱為「華文教育」，係由「華僑教育」演變而來，華語文教育之範疇，已涵蓋海外各地與「華文」相關之教育機構與措施，包含海外「中文」學校、「漢語」推廣機構與各種以「華文」為教學主體之補習學校、進修班等。

華語文教育同時具備了語言教學、外語教學、成人教育及速成教育等幾方面特徵的第二語言教學。華裔學習者之學習動機，多出於民族意識與文化傳承，而外籍人士學習者則多為其實用價值與工具目的，另外在華文教育中，僑民落葉歸根轉至落地生根的心態，對學習第二語言與第一語言的學習其實存在著極大的變異，無論是語言間的差異、文化、思考、感覺或是行為方式等各方面因素，都會影響語言學習結果。

從學習者、教學者、學習需求各方面來看，學習策略必定有所要求，華語文教育在蓬勃發展的趨勢中，呈現多元文化創意走向跨文化教學、專業化及數位化趨勢充實僑教內涵。僑民教育歷經風雨波折、可謂點滴心頭，本章探討此中之興衰起伏。

第四節　中華民國僑教面臨海外僑教變動的挑戰

自民國38年（1949）政府遷臺迄至民國101年（2012），就政府外交形勢與僑教政策執行之關鍵為僑民教育與華文教育之轉折點：政府外交形勢與僑教政策執行面之關鍵階段。

1. 外交優勢、獨占華教市場時期：民國37-59年（1948-1970）
2. 退出聯合國、外交孤立時期：民國59-77年（1970-1988）
3. 本土化、數位化時期：民國77-89年（1988-2000）
4. 認同臺灣、走向世界時期：民國89-97（2000-2008）
5. 僑教休兵、共創雙贏時期：民國97-101年（2008-2012）
6. 政黨輪替、兩岸關係冰封，國際空間壓縮：民國105-111年（2016-2022）

　　由於政府外交形勢與僑教政策息息相關，我國僑教面臨的挫折如：外交方面盟國的斷交、打壓、中國大陸經濟崛起及全面佈建「孔子學院」、東南亞國家局勢變化等。而僑教方面自身變化如：僑教的轉型、師資的不足、正體簡體對教材市場的供需及行銷管道的問題，加上本身經費短缺，人力有限、國內僑教一貫制功能無法提升等，華文教育的需求，僑教的傳統優勢及臺灣在華人世界的文化正統地位，是今後僑委會及華語專家學者多應關注及正視的課題。

第五節　變動環境中僑教工作的推動與時俱進[10]

　　由於僑務委員會作為推廣僑民教育之主要政府機關，對於海外僑民教育之推展從輔導海外僑校、培訓及充實華文師資、提供平面及數位教材，推廣各項文化社教活動及辦理多元華裔青年活動，至推展海外華文函授與遠距教學等，皆獲致可觀的成果。以下所列舉舉大者可見如；

（一）輔助僑校經費並供應實體與數位教材資源。
（二）虛實並進推動海外僑校師資培訓與充實。
（三）協輔僑校接軌主流教育。

---

[10]　參考僑務委員會僑教處。

（四）傳揚正統中華文化與臺灣多元文化。

（五）僑教專屬教材之修編與開發。

（六）落實以教材為中心的師資系統化培訓。

（七）發展僑校教師認證提升僑校專業等。

僑務委員會成立迄今80餘年來，在全球各地推動華語教學與傳承中華文化的使命，已獲致優良成效，透過僑教網絡的推動，海外華文市場臺灣已占有一席之地，在全球華語文推動中，僑委會的僑教工作一直廣受肯定與矚目。

童振源委員長2023年談及：自下半年起，各國陸續鬆綁防疫規定，臺灣也開始逐步取消管制，施行疫後新生活，重點工作成果說明如下：

1. 點燃疫後僑務新動能，以新思維快速調整工作步伐

海內外互動交流由僑委會委員長、副委員長及同仁分赴美國、歐洲、亞洲、非洲及紐澳各地，實地走訪僑校、僑社及臺灣華語文學習中心等，向僑界先進請益、瞭解僑情，傳達政府關懷：輔助歐美各地僑校成立43所「臺灣華語文學習中心」，讓國際友人及華人透過正體文字之美，進而認同肯定臺灣：全力打造「鏈結海外僑臺商與臺灣產業共同發展」六項計畫，以產學合作、技術升級、青商培育、打造臺商品牌，為海外僑臺商深耕茁壯增添關鍵助力：建置「一國一校一高科技人才培訓基地」及「僑生人才大聯盟」等擴大攬才新思維：創新召開全球華文媒體高峰會，邀請來自全球超過200位華文媒體代表及國內貴賓出席共襄盛舉，建構海內外華文媒體重要交流平臺，並有超過160篇新聞報導及多國語言媒體傳播效應，透過海內外多元媒體網絡，讓世界看見臺灣，也擴大臺灣能見度與國際影響力。

2. 多元面向並進僑務工作，將資源作最有效的運用

僑委會與時俱進積極扮演著聯繫平臺之角色，全力發揮槓桿支

點的功能，除透過建立全球僑胞數位服務平臺及全球僑生服務平臺等單一服務窗口，協助海內外僑民及來臺就讀學生各類疑問及必要訊息外，同時僑委會與政府各部會有效橫向溝通聯繫，邀請各部會首長主講部長講堂，以部會專業觀點向海外說明政府施政方向；順應臺美教育倡議契機，與教育部、外交部整合推動「華語教育2025計畫」，結合教育產業向外推廣具臺灣特色之華語文教育；擴大推廣臺灣優質醫療產業，與衛生福利部共同推動「越南僑胞國際醫療整合服務方案」，另結合國內醫療院所診療量能提供海外僑胞專屬健檢方案；向外介紹臺灣多元文化特色，爭取更多國際友人認同瞭解，透過僑務電子報網路平臺，攜手文化部Taiwan Plus推出全英文影音新聞與專題報導，讓全球僑界掌握臺灣各領域脈動。（徐佳青於2023年1月31日接任僑務委員會委員長）。

面對全球華語文熱潮、華語文學習主流化等外在環境之變動與競爭，海外僑校長期以來作為我國僑教的穩固據點，更是傳統中華文化及臺灣多元價值的輻射點，為推動海外僑教，不但長期透過經費輔助、協輔接軌主流教育及傳承中華文化等各類輔助方案，為強化僑教在地優勢，近年來更積極推動多項僑教革新工作，包括僑教專屬教材之修編與開發、落實以教材為中心的師資系統化培訓、發展僑校教育。加之積極整合產官僑學資源，透過平臺建置，以優質軟硬體及虛實並進之雙效策略，透過僑教數位化擴大華語文推廣構面，並充實海外僑校數位教學資源，包括維運及行銷「全球華文網」，結合雲端科技推動數位學習，透過雲端科技導入，加強雲端服務功能。

在此攸關未來僑教與華文教育發展向上提升的關鍵時刻，僑委會為傳統中華優質文化與正體字之傳承全力以赴，透過調整擴大我既有僑校體系之影響力，企盼達成建立正體字優質華語文教育品牌，為爭取全球華語熱潮所帶來最大市場空間之目標，共同引領正統中華文化邁向新的里程碑！目前海外僑教工作處於以在地化原則

推廣全球化之華語文教育階段，僑委會將持續肩負海外僑校華文教育推展使命，引領海外僑校永續發展。

第六節　小結

　　當僑教政策不但形塑了決策者的願景與前瞻，也形塑海外僑胞對家國奧援的期盼。當第一代移民中體現了華人社群的公正清廉。深謀遠慮，肝膽相照，造福鄉里的拓荒事業，也為家族發展奠定了良好基礎。扶危濟困，古道可風，正是華人社群的文化傳統及其核心價值觀。第三代移民所生活的時代，進入一個現代化、市場化、全球化的時代，年輕華人孜孜以求的是拜金主義、消費主義。老一輩人的美德傳統、習俗禮儀自不免在不同的幾代出現了離散與定居、族群與國家、消費主義與文化認同之間的往返辯證。

　　文化認同即是反映了共同的歷史經驗和共用的文化編碼，它們提供給一代又一代以穩定不變、持續流傳的參照框架和意義[11]。華僑與祖籍地文化紐帶之建構與矛盾，對僑教也產生了肩負文化傳承的重責大任，造成既存制度的目標價值次序發生極大轉變，甚至帶來新的目標價值系統[12]。臺灣至2003年設置「國家對外華語文教學政策委員會」起，將華語文教育訂為國家重要政策。

　　世界華語文教育學會董鵬程理事長演講「全球華語文未來趨勢」（教育部於104年4月28日演講），深入分析全球學習華語文的趨勢，指點臺灣華語文的現況與走向。從世界多元視角探討華語文教學需求與發展。並以立基全球市場觀點，提出華語文產業「四大引擎」，包含中文測驗、師資培育、網絡資源及新興媒體。期盼整

---

[11]　參考李元瑾〈從文化殖民的視角重讀新加坡海峽華人的失根與尋根〉《華僑華人歷史研究》，2014：42，頁15-23。

[12]　參考：蔡佩姍〈我國僑教政策變遷之研究—以歷史制度主義角度分析〉政治大學博論緒論，2008年。

合政策、技術、兩岸及目標四大面向，聚焦臺灣華語文定位並指引未來走向，在華語文教育的佈局上必須具有全球性的視野與規劃佈局。在全球對學習華語文日漸積極的大環境下，臺灣在華人文化及華文教育不可忽略以往所具有之優勢，諸如多元文化創意、豐富的文化資產、先進數位科技、行銷通路多元等等，都應全面啟動。

時局的變化實關係著華語文發展，楊聰榮〈新冷戰時期的華語文發展〉一文中，提醒從我們從新冷戰變化的角度中，應有不同思考的角度：

今日中美關係從利益交換的架構，轉換成全面對抗的格局，演變成「全球性競爭關係，然經疫情嚴峻，香港問題，新疆等反人權的威脅，全球林立的孔子學院，在華文教育興盛之際，連續在美國歐洲關閉，反中情緒日漸蔓延，僑務工作此時此刻為因應強化國際學術競爭力，大量提供海外華教資源，使臺灣的華語文教育與國際接軌，展現中華文化的優勢，並與主流學校銜接，以提昇華文華語在國際語言的層級。

周湘華提出「華語，其實是國家戰略性產業」一文中：提出發人深省的說明：

> 沒有硬實力話語權的台灣如何善用這個熱潮，塑造台灣良好形象，傳播正統華語及豐富的文化內涵，充分提升台灣的軟實力？這應該是是一種理性的抉擇。……從各國語言政策的發展可以明顯看出：語言文化的輸出，是國家公共外交的重要手段，對於沒有硬實力的國家更是如此。海外語言組織的設立大都以政府特別是外交部資金支撐，並集中單一組織、統一對外行銷國家形象。而華語就是台灣軟實力中最具有局部優勢的產業。沒有外交視角的觀察，語言只是語言，無法轉換成國家軟實力；…如果語言只是教育，文化的感染力無法轉化成價值認同；如果我們欠缺戰略性眼光，台灣終究會

喪失全球華語的話語權。

　　自2020年起迄今，世人看到起起伏伏的中美衝突、高漲反中情緒，肺炎疫情的蔓延全球、孔子學院陸續的關閉，世界變局接二連三的撲來，令人感受到「風雲變幻、古今多少事」我們正在寫歷史。特在此向僑教前輩先進致敬，也期盼更多盞燈在一路行來的路途中亮著。

第五章
世界華語文教育學會耕耘不輟

圖16　世華會　永續傳承　僑教推手　華教搖籃

第一節　世華會　僑教推手　華教搖籃

　　1971年前後，國際局勢丕變，中華民國政府對外工作遭遇阻礙，當時僑務委員會委員長毛松年先生發起籌組「世界華文教育協進會」，期能藉助民間組織以協助推展華僑教育。「世界華文教育協進會」於1972年正式成立，1997年更名為「世界華語文教育學會」（簡稱世華會），為臺灣華語文教學與研究面向國際世界，開

啟一扇互動之窗，歷任理事長們以宏觀思維與卓越領導能力，竭智盡心，恪守職責，綜理會務，賴明德教授於〈世華會40週年、話當年〉一文中介紹歷任理事長特色：[1]

> 張希文理事長執著理念，實事求是；毛松年理事長全心投入，努力開拓；李鍌理事長維護傳統，勇於負責；曾志朗理事長開闊宏觀，掌握重點；曾廣順理事長按部就班，依法行政；白培英理事長謙沖包容，充分授權；程萬裡理事長溫文儒雅，尊重專業；張光正理事長堅持原則，是非分明，董鵬程理事長事無鉅細，務必躬親。

　　這些領導者光風霽月，薪火相傳……世華會因為有幸得遇這些卓著領導者的運籌帷幄、棒棒薪火相傳下，此精神傳承成為世華會生生不息之動力所在，不但帶領臺灣華語文教學看到世界，也讓世界看到臺灣，能以「非產、非官、非學的教育學會拓展華文教育，完成以下多項學術貢獻與交流，邁向僑教推手華教搖籃的大道，成為華語文教學的標竿，華文政策的推手，以下是歷經四十多年的成果：

一、**世華會成立宗旨**：「倡導中華語文的研究，推廣華語文教育發展，促進世界華文學術的交流。」是全球最早成立的華語文學術社團，是連結世界的視窗

二、**學術貢獻**

（一）首創出版《華文世界》與《華語文教學研究》

（二）首創海外華文師資研習，培訓海外中文學校專業華文教師

（三）舉辦「世界華語文教學研討會」：創華語文教學研討會

---

[1] 參考賴明德〈世華會40週年、話當年〉《華文世界》112期，頁54，2013.12賴教授為世華會元老之筆，文中敘說世華會成立過程，當視為為歷史見證之作。

之先

（四）研發「華語文能力測驗」

（五）編輯華語文教學研究叢書及鄉土民俗教材讀本、華語文
教材及補充讀物數十餘種：

    1. 《中華文化系列讀物》

    2. 《臺灣鄉土語言文化系列教材》

    3. 《華語文系列》

    4. 《對外華語文教學研究叢書》：計有《華語文的教與
學》《理論與應用》《華人社會與文化》《詞彙之
旅》《華語文教材分級研製原理之建構》《漢語語言
學》《華語教學研究方法與論文寫作》《對比分析與
華語教學》《華語文教學實務》《華語評量》《多媒
體華語教學》《語用研究與華語教學》《漢語閱讀的
心理與教學研究》《第二語言習得理論與應用》《華
語句法新論》（上下）《華語作為第二語言之語音
教學》《華語教學之社會與文化研究》《兒童華語
教學》共計18冊，為臺灣華語文教學建立深厚學術
基礎。

（六）辦理華裔青年回國觀摩華語文及文化課程

（七）首創法、德華語文學術交流訪問

（八）首創赴海外舉辦華語文教師研習會

（九）倡導舉辦世界華語文教學碩、博士研究生論壇

（十）協助國內學校團體舉辦華語文相關研討會

三、推動華教成果，包括：

（一）首創出版《華文世界》與《華語文教學研究》期刊。

（二）首創華語文師資研習班，培育海外華文教師。

（三）首創世界華語文教學研討會，推動全球華語文研究風氣。

（四）政府接受本會建議通令各大學設立華語文系所。

（五）首創舉辦全球華語文研究生論壇。

（六）建立兩岸華語文教育學術交流平臺。

四、永續傳承的特色

（一）師資培育的搖籃

（二）學術交流的平臺

（三）華語文教學的標竿

（四）華文政策的推手

五、重要政策建言

（一）2001年6月世界華語文教育學會提出研究計畫，以專案報告提供建議，促成2002年教育部長曾志朗召開促進華語文教育發展會議，並成為政府施行政策之重要參考，此八項建議為：

1. 成立華語文教育政策委員會

2. 提昇華語文教育為輔導教育

3. 鼓勵大學設置「應用華語文教育學系」

4. 建立「華語文教師認證制度」

5. 華語文教材之編輯應切合需求

6. 發展華語文（非母語）能力評量系統

7. 建立完整的華語文教育網路

8. 寬列經費做長遠投資

（二）本會董鵬程祕書長應邀參加2004年「人才培訓服務產業預備會議「提供建受到重視，後受邀參加「人才培訓服務產業策略規劃會議「，提供「推展華語文教育國際化可行途徑之建議「，經教育部採納列為「教育產業國際化旗艦計畫「公佈實施。

世華會雖歷經四十多年始終如一，至董鵬程理事長承先而啟後，在財力窘迫、人力資源不足的窘境中，披荊斬棘，為邀請國際與兩岸專家學者交流合作，他老人

家不辭老病之身，親赴千里之外參訪與討論，以鴻鵠之志達鵬程萬裡、以涓涓源水匯江河成海，堪稱臺灣華語文教育亮點之一！2018年9月董理事長鞠躬盡瘁、溘然而逝，惡耗傳來海內外學者咸感悲慟，任弘教授（於2008-2013擔任僑務委員會副委員長）銜命承擔重任，接續領航重責，於今思及、從篳路藍縷而至今日綱舉目張、誠屬不易也。

第二節　學術期刊並蒂花開

世華會出版《華文世界》與《華語文教學研究》，為最早之華語文教學與研究期刊。

世華會為輔導海外華文學校發展，1974發行《華文世界》季刊，內容涉及華語文教與學、華語文教材教法、華語文教育動態、華語文教學疑難問答……。包含多項個欄目、美不勝收、文多可采：如：企

劃專題、學術新探、尖端話題、人物春秋、風起雲湧、教學錦囊、海外采風、活動集錦、實習觀想，與語文問答。其中「學術新探」須通過匿名外審的研究型論文，每期維持三篇，至今已發行至129期（2022年6月）。是目前國內唯一發行海外的華語文教學雜誌。

中華民國國家圖書館自2017年開始，以其所建置之資料庫數據（「臺灣博碩士論文知識加值系統」、「臺灣人文社會科學引文索引系統（TCI）」及「臺灣期刊論文索引系統」），統計出臺灣最具影響力的學術期刊，針對18個學門引用排行前3名的期刊，《華文世界》於2017年獲頒：「最具影響力人社期刊：語言學學門第三名」。2019年「最具影響力人社期刊」更名為「知識傳播獎」，再次獲頒「知識傳播獎：語言學學門期刊第三名」2020年獲頒「期刊長期傳播獎：語言學學門第三名」。[2]2021年「期刊長期傳播獎」語言學學門期刊第三名。2022年「期刊長期傳播獎」語言學學門期刊第三名。

2004年又出版《華語文教學與研究》半年刊，以學術研究為取向之期刊、與《華文世界》有所區隔，此兩本刊物同為華語文專家學者最佳的交流園地，亦榮獲國科會專題研究計畫「2009語言學門相關期刊排序」研究成果報告，評比為語言教學類中文組第一名，並收錄於「國家圖書館」與「國科會THCI Core、TSSCI資料庫」。為進入國際學術期刊要求，2011年改為季刊。是開啟華文教育「學術化」指標性國際期刊。[3]2008-2015年入選中華民國行政院國家科學委員會人文及社會科學發展處臺灣人文學引文索引核心期刊（THCI Core）語言學門（審查資料範圍2005-2014年）；2016-2018年入選科技部人文及社會科學研究中心臺灣人文及社會科學期刊評比暨核心期刊

2　《華文世界》引用率次於「中央研究院語言學研究所：語言暨語言學」，「國立臺灣師範大學英語學系：英語教學」。以華語文專業學門來說，排名第一。

3　詳細報導參見周靜琬〈並蒂花開各自榮　脈脈誰教花芬芳〉《華文世界》119期，2017年6月，頁11-16。

（THCI Core）語言學門（審查資料範圍2013-2017年）；2016年榮獲中華民國國家圖書館「最具影響力人社期刊獎：語言學學門期刊第四名」及2019年榮獲中華民國國家圖書館「知識傳播獎：語言學學門期刊第五名」；2020年榮獲國家圖書館「期刊即時傳播獎：語言學學門第一名」；「期刊長期傳播獎：語言學學門第五名」。2021年榮獲「期刊即時傳播獎」語言學學門第三名、「期刊長期傳播獎」語言學學門第五名。2022年榮獲「期刊即時傳播獎」語言學學門第五名、「期刊長期傳播獎」語言學學門第五名。

圖17　世華會提供得獎之紀錄

第三節　華語人才培育卓然有成

一、首創海外華文師資研習：培訓專業華語文教師[4]

圖18　世華會提供師培班照片

　　海外學校雖設立中文班，師資多不具備專業教師條件，加上1970年代初期，國外大學紛紛開設華文課程。華文教師和助教的工作成為我出國留學生賺取生活費之熱門首選。本會遂開辦華語文師資研習班，40多年來已辦理231期以上，結業學員近萬人，其中不乏是海內外目前頗有成就的專家學者教授，教育部於1987年特頒給獎狀。實為開培育華語師資風氣之先。

---

[4]　因華文師資研習資料散佚，故僅能零星整理片段。

世界華語文教育學會華文教學師資培訓班課程及師資簡介

科目	時數	授課內容
始業式	.	華文學會舉辦華師資班之目的與未來展望。
漢語語言學概論	9	研究中國現代漢語言的語類特性以及各語言層次的結構。
文字結構、漢字教學	12	中國文字的構造原理與演變現象探討、漢字教學的理論與工具，以及學生認寫漢字的方法。
華語語、音拼音符號、華語教學及正音、發音及口語表達	18	認識語音學原理與發音方法、熟練世界通行的拼音符號、訓練字正腔圓的國語標準發音、訓練正確的口語表達能力。
華語語法	15	研究華語語法特性，探討非母語人士學習的難點。
華人社會與文化	6	華人社會中常見詞彙、熟語所反映的文化意義。
第二語言習得	6	第二語言習得理論之介紹及分析仲介語言特徵。
多媒體科技與華語文教學	3	示範資訊科技在華語文教學上的應用。
網路資源與華語文教學	3	介紹眾多網路資源中對教學較有幫助的網站。
華語文數位教學演練	3	數位教學的應用。
華語教學導論	6	介紹華語作為第二語言教學的整體狀況。
初、中、高級教材教法	9	「第二語言教學法」與「華語教學設計」。
華語教學實務	6	全班分組進行模擬教學，相互觀摩教學技巧，並由資深華語老師評論、建議。
全球化時代的華語文教育概況	3	華語文教學發展趨勢與國際市場狀況介紹。
書面資料	0	各科上課講義、簡繁體字對照表、漢語拼音正詞規則。
結業式＆結業考試	3	

華文教學師資培訓班師資一覽

課程	師資	簡歷
始業式	李鍌	國立臺灣師範大學國文系教授
漢語語言學	曹逢甫	國立清華大學語言所教授
	姚榮松	國立臺灣師範大學臺文所教授
	畢永峨	國立臺灣師範大學英語系教授
	李櫻	國立臺灣師範大學英語系教授、大同大學應用英語系主任
	張郇慧	國立政治大學英語系教授
	舒兆民	國立聯合大學華語文學系助理教授

課程	師資	簡歷
文字結構	賴明德	國立臺灣師範大學國文系教授、中原大學應用華語文學系
漢字教學	黃沛榮	國立臺灣大學中文系教授、文化大學中文系教授
華人社會與文化	黃沛榮	國立臺灣大學中文系教授、文化大學中文系教授
華語語音暨拼音符號	張孝裕	國立臺灣師範大學國文系教授
	張正男	國立暨南國際大學華語文教學研究所兼任副教授
	譚潤生	國立彰化師範大學國文系教授
華語正音	袁乃玲	國語日報語文中心教師
	趙彥	國立政治大學語言中心華語老師
華語語法	張郇慧	國立政治大學英語系主任
	楊秀芳	國立臺灣大學中文系教授
	陳純音	國立臺灣師範大學英語系教授
第二語言習得	陳純音	國立臺灣師範大學英語系教授
中國文學概論	李李	中國文化大學中文系副教授
	司仲敖	國立臺北大學中文系教授
	陳玉臺	中原大學通識教育中心副教授
	周靜琬	逢甲大學中文系講師 語文中心資深華語教師
華語教學 教學導論 教材教法 教學實務	黃麗儀	中原大學應用華語文學系教授
	宋如瑜	中原大學應用華語文學系助理教授
	李利津	國立中央大學語文中心資深華語教師
	朱文宇	國立政治大學語文中心資深華語教師
	姚蘭	逢甲大學外文系講師 語言中心資深華語教師
	李明懿	國立中央大學語文中心講師
	許怡貞	世界華語文教育學會資深華語教師
多媒體科技與華語文教學	陳亮光	國立臺北教育大學語文與創作學系助理教授
	皮世明	中原大學資訊管理系教授
	朱威達	國立臺灣大學資訊工程所博士生
華語文教學趨勢與國際市場	董鵬程	世界華語文教育學會祕書長

世華會在四十幾年之間所締造的成果極為豐富耀眼。在教育和學術活動方面，可謂華語界名師輩出。惟當時師培班因人事的更迭，資料多有散失，如今藉《華文世界》112期》「祝賀世華40週年特刊」中，蒐羅當時資深教授自述之詞中，仍可窺一二：

（一）張孝裕教授：在1977年開辦第一期華語師資研習班我受聘擔任「華語語音課程」，直到1980、1981年我到新加坡為該國推展華語外，迄今222期我都為該班擔任教席。[5]

（二）賴明德教授：我加入世華會師資研習班任教的經過是民國66年（1977）5月，在該會的師資研習班擔任講授「文字結構」的課程。從師培班的第2期開始授課，到現在的第224期（2013年）前後長達36年，從未間斷，授課的節數共3345節（每期15節），……到現在從師培班結業的學員已經將近一萬人，他們有的已經是國內著名大學的教授，有的是華語文機構重要的負責人，有的在國外創辦華語文教學學校或擔任華語文資深教師，有的在華語文出版機構從事華語文教材的研發等。[6]

（三）陳純音教授：在人才培育方面為提供優質對外華語教學人才培育課程，華文會可說不計成本開班，聘請講座教授傳道授業解惑且提攜新秀不遺餘力……目睹學會為了在海外播種，動用國內名師，可謂菁英盡出。[7]

（四）馬寶蓮教授（現任世華會祕書長）：……我成了「世華會」華語師資培訓班第84期的學員，賴老師的漢字教學、張孝裕老師的語音教學、陳純音老師的語法教學、李老師的文學史這些一時之選，敬業的老師讓我能和千餘位「世華會師資班」的後繼者與「華語文教育」結下

5　張孝裕《華文世界》112期2013年12月，頁38-39
6　賴明德〈世華會40週年、話當年〉《華文世界》112期2013年12月，頁54。
7　陳純音〈華文會四十歲〉《華文世界》112期2013年12月，頁77-78。

不解之緣。[8]

因篇幅所限，所舉之例已可感受「春種一粒粟　秋收萬顆子」之成效，對海內外勞苦功高的學者教師們而言，世華會不啻開啟了一扇「綠滿窗前草不除」之境，因而有培育華語人才成果如下：

1. 1977年：首創海內外最早「華語文師資研習班」培育海外學校專業華文教師結業學員近萬人，遍佈海內外華文學校。

2. 2001年：建議政府通令各大學設立華語文系所及華語中心，使臺灣華語文教育得到政府重視，使臺灣華語文教育走入正規。

3. 2002年：與中原大學以策略聯盟方式設立臺灣第一所「應用華語學系」。

第四節　舉辦多屆研討會

一、世界華語文教學研討會

1984年首創召開「第一屆世界華語文教學研討會」，深獲國際學界肯定，並帶動全世界對華語文研究風氣，此後中國大陸、美國、德國、新加坡、香港均相繼召開類似會議；本會議每隔三年舉辦一屆，至2006年第八屆時已累積入選發表論文將近千篇，為將這千篇論文作一回顧以勵來茲，出版《華語文研究與教學——四分之一世紀的回顧與前瞻》，此書為從事華語學術研究或教學不可缺少的典藏珍寶。目前已辦至第12屆，第13屆即於2021年7月9-11日於國立臺灣師範大學舉辦。

---

[8]　馬寶蓮〈四十不惑「世界華文」俯仰無愧〉《華文世界》112期2013年12月，頁85-86。

圖19　世華會提供師培班照片

二、兩岸華文教育研究生論壇和教師論壇

圖20　世華會提供論壇照片

　　學術的成長，端賴不斷地觀摩、交流與研究，因此歷年來成果斐然。2007年本會發起「世界華語文教學研究生論壇」，為華語文領域碩、博士研究生建立了學術交流平臺。

　　第一屆於2008.1.16-19，在廣州暨南大學舉辦，有來自中國大陸、香港、新加坡、臺灣12所大學華語文領域的碩、博士研究生100多人與會。

　　第二屆於2008.10.2-5，在國立高雄師範大學舉辦，有來自兩岸

四地、新加坡、美國等地16所大學華語文領域的碩、博士研究生100多人與會。

第三屆於2009年11月，在上海師範大學舉辦。有來自中國大陸、香港、馬來西亞、越南、臺灣等27所大學華語文領域碩、博士研究生等，100多人與會發表論文，交換研究心得。自首屆發表以來，參加學校研究生，屆屆有增長。

從2007年起連續12年舉辦，每屆均有6個國家地區40多所大學研究生共襄盛舉，為全球華語文碩博士生建立交流平臺。2020年因受疫情影響暫緩舉辦，2022年疫情趨緩後，與中國西北師範大學及華僑大學共同主辦「第九屆兩岸華語文教師研討會暨第十二屆世界華語文研究生研討會」旨在搭建海內外華語文教育的交流和研究平台,積極探討「新形勢」背景下的華文教育理論發展與實踐探索。

第五節　研發「華語文能力測驗」

一、「外籍人士華語文能力測驗」

1994年得國科會補助專款，結合華語教學專家及語言、心理、測驗學者，歷時4年完成，並正式對美、加、日、韓各國大學以及來臺學習華語之外籍生及國內初高中學生進行試測，其結果指出本測驗符合測驗編製之信度與效度，可供外籍學生進行華語能力測驗。

二、「僑生版華語文能力測驗」

海外各地回國升學僑生華語文程度參差不齊，造成教學上困擾，為瞭解僑生華語文能力，作為安置的參考依循，敦聘華語文教學專家、語言、心理、測驗學者及資深華語教師，歷時4年完成

「僑生版華語文能力測驗」，並經21,186人試測，其結果顯示本測驗的信度、效度為標準之測驗。

三、編輯華語文教學研究叢書及鄉土民俗教材讀本

配合海內外華語文教學需要，編輯各類華語文教材及補充讀物數十餘種：

1. 《中華文化系列讀物》：中國民間的節日、中國的書法、中國唐朝的詩。
2. 《臺灣鄉土語言文化系列教材》：跨世紀的臺灣篇、閩南篇、客家篇、原住民篇。

3. 《華語文系列》：初、中、高各級及閱讀華語教材。
4. 《對外華語文教學研究叢書》：華語文的教與學、理論與應用、華人社會與文化、詞彙之旅、華語文教材分級研製原理之建構、華語教學研究方法與論文寫作、漢語語言學、對比分析與華語教學、華語文教學實務、華語評量、多媒體華語教學、語用研究與華語教學、第二語言學習理論與應用、漢語閱讀的心理與教學研究、華語句法新論（上）、華語句法新論（下）、華語作為第二語言之語音教學、華語教學之社會與文化研究和兒童華語教學，共計18冊，為臺灣華語文教學與研究建立深厚學術基礎。

特別介紹《臺灣華語文教育發展史》：二十一世紀以來，全球興起學習華語文熱潮，使得華語文教學已經成為新的研究領域，臺灣在世界各地的華語文教育已耕耘了半個世紀，而且有豐碩的成果，為能瞭解政府及各單位的政策、作法與發展脈絡，撰此書以作為未來的繼續耕耘的基礎。

5. 辦理華裔青年回國觀摩華語文及文化課程（請提供多些文化課程相片）

圖21　世華會提供華裔青年參加文化課程照片

為使海外華裔子弟能親炙中華文化，自1977年開始至1999年，接受僑委會及救國團委託辦理海外青年回國觀摩團華語文及藝文研習課程。內容有各級華語文教學、書法、國畫、中國結、剪紙及捏麵人等傳統民俗藝術，在研習活動中即能體會中華語言文化的博大精深，每年均有世界各地華裔青年十多個梯隊二千餘人參加。

6. 首創法、德華語文學術交流訪問

1988年本會組學者團訪問法國、德國設有中文系所大學、學術社團、華僑學校訪問，藉以加強與法國、德國華語文學術交流合作，訪問單位有：法國漢語教師協會、法國巴黎第七大學、法國高等社會科學東亞語言所，以及與法國地

區華僑中文學校教師座談；在德國訪問學校有法蘭克福大學漢語系、海德堡大學漢語系、杜賓大學漢學學系。為歐洲華語文學界交流開創新里程碑。

7. 首創赴海外舉辦華語文教師研習會

　　早年海外中文學校教師，多為未受專業訓練的兼職教師，常在教學上發生疑難，本會為協助這些教師解答教學疑難與在職進修，邀請專家學者至海外舉辦華語文教師研習會、授課及討論，自1989年起至1999年，分別在美國洛杉磯、舊金山、費城、蒙特維爾、芝加哥、西雅圖、加拿大多倫多、溫哥華等地與當地華文學校聯合會、海外華僑文教服務中心等聯合舉辦「海外華語文教師教學研習會」，深受海外華文教師歡迎，對教學助益良多。

8. 協助國內學校團體舉辦華語文相關研討會

2005、2006年協助臺北市政府辦理「全球化漢字學術研討會」。

2006年與國立高雄師範大學華語文教學研究所聯合辦理「華語教師成長研習營」。

2007年與實踐大學聯合舉辦「跨疆越域的追尋：世界華文文學與華語文教育國際學術研討會」。

2007年協助工業資訊策進會辦理「臺日韓數位內容產業發展趨勢與展望國際論壇」。

2008年與中原大學應用華語文學系聯合辦理「2008亞洲太平洋地區華語文教學與發展國際學術研討會」。

2008年協助華僑協會總會舉辦「漢字運用與國（華）語文教學國際學術研討會」。

2008年開始應邀參加全球漢語言研究與漢語教學文庫編纂會議。

2009-2010年受孔孟學會委託辦理「暑期知性生活教育巡禮探

索營」。

2010年受孔孟學會委託辦理「2010年海峽兩岸儒學交流研討會」。

9. 歷年來受委託或合作舉辦之重要工作

1972年僑務委員會委託編輯「菲律賓中、小學華語文綜合課本」四十冊。

1978年菲律賓中正理工學院委託辦理學生來華研習華語課程。

1980年經濟部海外經濟合作發展基金管理委員會委託辦理越南華文教師來華研習課程。

1990年至1992年，法國綜合理工學院（ECOLE POLYTECHNIQUE）委託辦理學生來華研習華語課程。

1992年促成國立臺灣師範大學設立華語文研究所。

1997年與香港大學普通話培訓測試中心聯合舉辦「華語文能力測驗編製研討會」。

1998年至2003年，教育部委託遴選學者赴海外臺北學校作示範教學。

1998年至2003年受教育部委託舉辦「僑民教育學術研討會」。

2000年促成中原大學成立應用華語文學系。

2002年國際合作發展基金會委託代訓華語文教師。

2009年起與中央廣播電臺合作介紹臺灣華語文教學。

2010年駐韓國代表處文化組向本會訂購華語文教學叢書100套贈送韓國大學，將臺灣出版之優質華語文教學、研究書籍引介入南韓大學。

2014年提出「以臺灣文化為特色的華語文數位教材學習計畫」，並獲得國科會全國性學術社團推廣業務計畫補助部分經費，針對華語為第二語之學習者，設計臺灣文化數位華語文教材，其主要目的為增進學習者瞭解臺灣之興趣，並引導

學習者加速融入臺灣在地之多元文化。

2017年倡議成立「全球華語文教育聯合會」，為新時代的華文教育獻策獻力。

第六節　重要政策建言

1992年世華會組團訪問中國大陸對外漢語教學重點大學，體會到中國大陸對外漢語教學起步較臺灣晚了十多年，但在政府積極推動下，建立了「對外漢語教學」專業學科，正式授予學位。反觀臺灣，當時僅是世華會設有補習班性質的「華語文師資研習班」，其他大學中仍無華語學系所設立，語文中心老師也多未受專業師資培訓，訪問團返臺後世華會副理事長李鍌教授等，即拜訪師大樑尚勇校長、文學院施玉惠院長、國文系邱燮友主任教授等促成臺灣第一所華語文研究所設立。

2000年開始全球掀起學習華語文熱潮，來臺學習華語人士也日漸增多，華語文教師，除世華會華語文師資研習班補習班式的培訓外，大學裡尚無正式學系的設立。得到陳倬民教授介紹，向中原大學張光正校長建議獲得肯定，並得到白培英董事長、熊慎幹校長、林治平院長等的支持，與世華會以策略聯盟方式設立「應用華語文學系」，是為臺灣大學中第一所設立的應用華語文學系（2002），並於2007年增設研究所。

世華會於2001年6月提出研究計畫，請政府重視華語文教學。教育部接受世華會建議於2002年1月底召開「教育部促進華語文教育發展實施方案」會議，報院成立「國家對外華語文教育政策委員會」。行政院於2003年12月11日指示成立「國家對外華語文教學政策委員會」，教育部通令各大學設立華語文系所及華語中心，數年內設立了16所華語文系所、32華語中心、24所華文師資研習班，至此臺灣華語文教育得到政府重視。

世華會董鵬程祕書長應邀參加2004年「人才培訓服務產業預備會議」提供建言受到重視，後受邀參加「人才培訓服務產業策略規劃會議」，提供「推展華語文教育國際化可行途徑之建議」，經教育部採納列為「教育產業國際化旗艦計畫」公佈實施。

（一）2011年1月13日，總統府召開「如何推動國際華語文教育」簡報會議，由總主持、府祕書長、行政院正副院長、祕書長、政務委員、教育、僑務、外交及文建會、國科會、客委會等部會首長出席，世華會為一民間推動華語文教育學術的學術團體，會中提出具體書面建議，並獲採納。行政院於2011年9月，成立行政院國際華語文教育推動小組委員會議，並通令教育部積極推動國際華語文教育工作。

（二）世華會多年來對於兩岸華語文學術交流貢獻卓著，具體成果為：為海外華文學校建立了深厚的合作機制，同是華人，對弘揚中華文化有共同理念，對推廣海外華文教育也有共同的理想，相隔四十年，為了加強兩岸同業相互瞭解，搭建了溝通的橋樑。

1992年世界華語文教育學會首次組團訪中國大陸，為兩岸華文教學搭建橋樑。

1998-2003，世華會接受教育部僑教會委託定期舉辦「僑民教育學術研討會」，邀請國內外從事僑教及華語文教學工作者，提供建設性論文報告參加研討，連續辦理六屆。對提昇僑民教育工作助益良多。

2001年世界華語文教育學會再組中國大陸學術訪問團。

2007年9月7日，與廣州暨南大學簽訂華文教育合作協議。

2007年9月11日，與北京華文學院簽訂合作備忘錄。與中國大陸國家語言文字工作委員會合作，辦理普通話課程，取得證照。

2008年8月31日-9月10日，組臺灣華語文學界第三次中國大陸學術交流訪問團

2009年10月20日-22日，中國大陸僑辦於成都舉辦的「第一屆世

界華文教育大會」，呼籲兩岸合作，開創海外華校新紀元，有35個國家地區400多位華文教學工作者參與。

2009年11月1日-10日，世華會邀請中國大陸海外僑教主管，來臺參加「海外華人教育論壇」，主題：為「海峽兩岸同攜手，共創華教新視界」。

2010年4月世華會與廣州暨南大學共同召開第二屆「兩岸華文教育論壇」

2011年8月，在廣州暨南大學召開舉辦「兩岸華文教師論壇」結合兩岸華語文學者，加強第一線華文教師交流，華僑大學賈益民校長與世界華語文教育學會董鵬程理事長，共同發起兩岸華文教師論壇活動，進而提供兩岸第一線華文教師相互交流機會。

2012年北京華文學院聘世華會祕書長董鵬程先生為第一屆董事會董事。

2012年8月11日-12日，世華會與國立臺北教育大學舉行共同舉辦「第二屆兩岸華文教師論壇」，在國立臺北教育大學舉行。

2013年5月23日-27日，世華會與廈門華僑大學合作舉辦2013兩岸海外華文教育論壇。

2013年11月16日，廣州暨南大學華文學院六十周年院慶暨華文教育國際學術研討會，世華會祕書長董鵬程及臺灣華語文學者20餘人與會。

2013年11月30日-12月1日，日由國家教育研究院與本會共同主辦「華語教學研究國際學術研討會」在國家教育研究院舉行，並邀集了北京語言大學校長崔希亮、新加坡南洋理工大學教授周清海、國立臺灣大學語言所教授蘇以文、香港教育學院教授張顯達等15位海內外專家學者作專題演講。

2014年8月22日-26日，世華會與北京華文學院共同舉辦第四屆兩岸華文教師論壇在北京華文學院舉行。本次學術交流由本會祕書長董鵬程及臺灣華語教學界、產業代表共30多人前往進行學

術交流。

　　2015年1月24日-26日，由湖南師範大學與本會共同舉辦，第七屆世界華語文教學研究生論壇在湖南長沙召開。

　　2015年4月20日-24日，第四屆海外華文教育論壇由本會與廈門華僑大學共同舉辦。

　　2015年4月21日，北京華文教育發展中心與世界華文教育學會簽訂海外華文教育合作協議。

　　2015年11月20日-23日，第一屆國際華文教學研討會在華僑大學華文院龍舟池校區舉行。

　　2016年1月19日-26日，在上海聯合舉辦兩岸華語文相關系所師生春令營，並委託上海東師範大學對外漢語學院承辦。

　　2016年8月30日-9月9日與北京華語文教育發展中心合作舉辦兩岸華語文相關系所師生秋令營，委託北京華文學院承辦。

　　2017年10月27日-30日將和華僑大學、暨南大學和世界華語文教育學會聯合舉辦「第二屆國際華文教學研討會」暨「第七屆兩岸華文教師論壇」。

　　2017年12月15日-17日在國立暨南國際大學舉行「第十二屆世界華語文教學研討會暨第十屆世界華語文研究生論壇」。

　　2019年1月16日-17日在山東煙臺魯東大學舉行「第八屆兩岸教師論壇暨第十一屆研究生論壇」。

第七節　傳承世華會精神及今後展望

一、傳承世華會精神

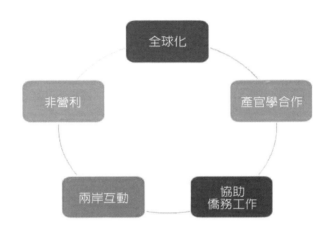

二、前後理事長之期許

董鵬程（前任理事長）
1. 真正中華文化承繼者的臺灣不能在全球化時代華教界中缺席
2. 深具歷史性、使命感、形象佳、非營利之民間學術單位
3. 具民間學術團體不具色彩的身分便於整合推動各項華教工作
4. 世華會與臺灣產官學界維持良好關係
5. 於兩岸華語文有整合協商功能，促進兩岸高校彼此觀摩學習

任弘（現任理事長）[9]

1. 人才的培養：海外華文教育最嚴重的問題是師資的匱乏華文會歷年開辦華文教師的培訓班，為海內外華教界訓練了成千上萬的師資。

2. 教學的研發：經由研討會，出版學術期刊，不斷增進華語文教育的研究發展，奠定了華文教育學術研究的地位。

3. 兩岸的交流：在國際華語熱的1990年代，率先和中國大陸的華教界積極交流合作，並建立互信互助的基礎，不間斷舉辦兩岸華教論壇。

圖22　（上）董鵬程理事長與前總統馬英九合照；
　　　　（下）董鵬程理事長應邀在教育部演講

---

[9]　周靜琬〈訪世華會理事長任弘教授〉《華文世界》125期，2020年6月，頁5-13。

三、世華會鵬程萬里志於弘道

第一、世華會是以關心且協助海外的華文教育的發展為初衷而設立的，所以和世界各地的華僑學校、華教組織要繼續保持合作，對於華人社會的文化傳承，提供必要的協助，是要永續各創會前輩的初心。

第二、世華會為立足臺灣放眼世界的學會，多年來我們藉由舉辦研討會、出版期刊、開設師資培訓班等活動，和世界各地的語言教育和華語文教育的學者保持密切的聯繫，建立深厚的感情，今後亦當如此。

第三、世華會是最早和中國大陸的學界互動的學會，對於協助海外華人保持族裔語言文化的學習，早有高度共識，因此更應暢通「教與學」的交流平臺。

第八節　小結

董理事長生前多次不辭辛勞數度親自到教育部演講及建言，為推動僑教與華教，可謂不遺餘力、矢志不移。前所舉之例，可見世華會對華語文教育貢獻卓著。

郝明義董事長[10]《如果臺灣的四周是海洋》一書中論及董理事長：[11]

我要講一個董鵬程的案例。董鵬程先生於1970年之初創立世界華語文教育學會（簡稱「世華會」）。四十多年來，

---

[10] 大塊文化，是目前國內數一數二的出版社，郝明義董事長是出版界的傳奇，這位在韓國出生的出版界巨擘，是心在臺灣，功也在臺灣。

[11] 郝明義《如果臺灣的四周是海洋》臺北：大塊文化出版社，2015年12月，頁25-29。

他開創了許多里程碑，全世界做華語教學的人，都對這位先行者敬重三分，包括對岸。2009年底，世華會召開每三年一屆的教學研討會，馬英九總統蒞臨致詞，嘉勉董鵬程的耕耘，一年後更特別召開「如何推動國際華語文教育」會議，邀請他到總統府提出建言。

董鵬程於會中提出諸多建議獲得採納，編列三十億元的計畫。……其後三年時間內召開了四十多次會議確認了華語文八年計畫……畢竟是有了開始，被各方視為一個激勵人心的開端。董鵬程也為之精神大振……準備結合新的資源來做些以前做不到的事情。（2013年董鵬程還撰寫了「邁向國際華語文教育白皮書」。）

然而，這個八年三十億的華語文八年計畫後來卻面目全非難以為繼。（期間還有徵選華語文八年計畫之工作規畫，董先生不平的是資策會得標，於法於情於理皆不當），董鵬程先生經過這一連串打擊心灰意冷，著手準備結束世華會的運作。

當董理事長聽到國立臺灣大學有拆除鹿鳴堂之議時，為維護古蹟鹿鳴堂，竟以老病之身四處奔走，請求收回成命：[12]

由於鹿鳴堂（前身僑光堂）[13]建築老舊不堪，臺大校方評估

---

[12] 周靜琬〈哲人日以遠　典型在夙昔——勤道華語籍一代宗師董鵬程理事長〉《華文世界》124期，2019年12月，頁9。

[13] 當時，中華民國僑務委員會為了經營海內外僑生業務，在美援的經費下，興建僑生活動中心。總統蔣中正命名為「僑光堂」，設計師為創立淡江大學建築系的馬惕乾，於1967年開始興建。1968年5月4日，舉行落成典禮，由副總統嚴家淦剪綵主持。1996年1月，僑委會遷出，臺大收回使用，整修後更名為「鹿鳴堂」，從2004年暑假開始，臺大戲劇系師生改為臺大劇場，經多年使用，已是一棟危樓。2018年7月鹿鳴堂將拆除，經力爭後，於2018年11月30日重新審議後，以原名「僑光堂」登錄取得了北市歷史建物的資格，便不得再拆。

修繕成本高，而有去年（2018年7月）拆除事件時，身為見證僑務史的董公[14]焦急萬分，除上書見證僑光堂歷史之事例外，更不辭辛勞親自出席文化局，參與文資審議會，與臺大校友共同提出事證要件，並建議活化鹿鳴堂作為僑務博物館，經此力爭後，最終決議將原名「僑光堂」登錄為歷史建築，歷史建築，得免拆除之憾，可見董公對僑務工作始終一本初衷，勇往直前，而不屈不撓。

圖23　董鵬程理事長現地會勘鹿鳴堂（圖片來源：華僑協會總會）

由此二例，可知董鵬程理事長董公對僑務工作始終一本初衷，其勇往直前不屈不撓之精神，凡事事必躬親、憂勞況瘁，可謂書不盡言。摯友崔希亮校長（前北京語言大學校長）更遙寄賦（悼董公）詩一首，倍極推崇。

董公　藹然清剛　雅望非常　賢愚素仰　四海欽敬；
董公　精誠堅毅　集賢俊彥　戮力同心　共榮世華；

---

[14] 董理事長曾擔任過僑光堂（1968年建於國立臺灣大學校園具中國風格的禮堂）主任，擔任兩個重要任務：一是協助僑胞返臺參加雙十慶典活動的工作；二是輔導僑生的工作，如組織僑生合唱團。

董公之德　蘭馨松盛　董公之功　日高月明

圖24　董鵬程理事長世華會標示牌前留影

賀佳音至觥籌慶　今朝去歲連年喜
世事洞明生覺智　立言誠信為薪傳
界跨彼疆寄翰墨　寸筆千古壯心馳
華開並蒂各榮景　脈脈誰教花芬芳
文采斐然桃李徑　受業傳道育英才
會友書卷書滿案　與爾齊心齊耕耘
喜逢四海有志士　董老笑迎頭已白

《華文世界》123期以藏頭詩悼華語界一代宗師，
詩中彰顯董公一生成就。作者周靜琬

附錄

　　文末附上董理事長成立「全球華語文教學聯會」創議過程，此是董老高瞻遠矚集聚海內外學者專家所擬就之記錄，十分珍貴，當時討論氣氛熱絡，所提見解皆具參考價值，無奈人亡政息，期盼有踐履之日：

一、第一次籌備會紀錄

時間：2017年12月16日 中午12:30-13:20
地點：埔里暨南大學管理學院教室
主席：董鵬程
紀錄：周靜琬
議題：

（一）全球華語文教學聯會（簡稱全球華聯，英文：Global Chinese Language Teaching Association）

賈益民：辦理這樣的聯盟定位在是純民間性、群眾性的社團組織，而非營利，是慈善性的服務性的學術機構，以學術為引領的民間團體，經過某個國家註冊成立的合法機構，再討論其獨立法人的實體性，加入機構人員，具全球華人教育機構，如是個人加入，則需解瞭個人是哪一層面，是志願加入，或以學會集體名義加入，因此機構教育名稱用聯盟或聯合會名稱，而不用全球華語文，書面上以「世界華語聯盟」名稱較好，機構成立要做甚麼，因此在這裡分為九項工作：

（二）工作內容分列九項

1. 組織開展華語文教育研究，確立研究專題，或受某區華文教育委託而具區域性主辦。
2. 辦理學術研討會或華語教學文庫。
3. 組織開展教學研究開發教材。
4. 開展師資培訓具方針原則接受某地區專項培訓、開展技術層面開發MOOK的課程。
5. 請學者專家巡迴教學考察（五大洲）及培訓考察評估。
6. 辦學經驗的交流建立專家師資庫師資庫師資庫分成若干委員會如有學術委員會組織辦學論證、評估人才培養培訓、提供諮詢服務。
7. 主辦刊物或叢書成為學術發展平臺組織海外社區和文化傳播相關話題如中華藝術展,依地方需要。
8. 募集資金匯集社會資源或成立基金會有章程運作來募集。
9. 其他推動中華文化傳播活動相關工作。

（三）機構內部運行架構架構

1.祕書處；2.學術研究處（部）；3.資源建設管理處；4.諮詢服務處；5.編輯出版處；6.文化藝術處，組織活動；7.師資培訓處；8.教育基金管理處

（四）先設籌備委員會聘請專門人員不是兼職，要專職

陸儉明教授：要成實體，每項只能指導，不能自行做。

李英哲教授：選擇籌備委員實際操作，宜先設祕書處。

周清海教授：實體組織各區都要有研究成果，先做協調工作要考慮經費充足再做實質作為。

袁博平教授：成立聯盟是有需要的但，工作應持續發展，不能因人

事變遷而停頓工作。

孫朝奮教授：做研究要有興趣，不是接受委託，若有經費則更可支援如蔣經國基金會，大家可申請，要公平，由審查委員會來審議申請。

李　　寬教授：一定要鼓勵年輕人參加。

劉美君教授：這次會議有來自各區域的代表可成為本聯會之分會代表。

賴明德教授：贊成成立此機構名稱用聯盟好，宜常設機構及常設的工作人員，經費若無則萬事難。

蔣忠華校長：歐洲華文教育研究做得少，許多地區已成立聯合會有區域性機構，會再加入聯盟。

曾毅平教授：要凸顯全球性協調性，具有指引作用，因為有些工作，一個地區是做不了

任　　弘教授：各區是否認同先籌備，如明明為全球大聯盟要有協調性整合性，不可指導，可評估，不講評鑑。

陳之權博士：要先成立祕書處做總召集要能接地契瞭解各地區老師需要。先從一兩項工作開始嘗試，以後再慢慢擴大範圍。

白樂桑教授：我們前年成立了多處的教學學會是在需求上建置的，現在要找大家認可的專家組成，要注意效率，事物要有先後，要受到大家認可。

董鵬程理事長：1.先請三位代表賈益民、周清海、董鵬程來規劃整個工作，其他老師都必須請教支援我們的對象，目前名稱先暫訂「大聯盟」。2.籌募基金也很重要，等籌備好，再向大家報告。

陸儉明教授：學會是可由個人組成，聯盟要由許多組織聯合，組織名稱用全球還是世界皆可，個人贊成用全球。

董鵬程理事長：我原本寫大聯盟是暫定的。

白樂桑教授：可發布一個公告或是宣言。

賴明德教授：今天是難得的千載難逢的機會，是歷史性的會議，應
　　　　　　該是第一次籌備會。

董鵬程理事長：我們準備一本子，請書法家任弘寫標題，大家簽
　　　　　　　名。這次有四大洲代表，歐洲、美洲、亞洲、澳
　　　　　　　洲，要有組織章程，這次有許多資深各地學者年輕
　　　　　　　學者參加，有傳承作用。

綜合討論：因聯盟只有組織參加聯會，可容許個人與學會組織參
　　　　　加，大家經討論一致同意「全球華語文教學聯會」。

二、第二次討論會紀錄[15]

　　繼去年（2017年12月16日）第十二屆世界華語文教遇研討會，
由董鵬程理事長倡議成立「全球華語文教學聯合會」的催生後，而
後於2018年10月20日-22日在廈門大學召開「新時代華文教育發展
會」邀集來自美國荷蘭菲律賓馬來西亞、印尼、泰國、緬甸、新加
坡、中國大陸、臺灣、香港等國家和地區的專家學者共六十餘人，
各提出建言（10月21日），於10月23日進行章程宣讀，綜合專家學
者的建議，紀錄整理後，分述如下：

（一）此會議訂為「擴大籌備會議」。

（二）章程條文修改如下。

（三）與會專家及學者將此聯盟定位純民間性、群眾性的社團
　　　組織，非營利且具服務性的學術機構、名稱以「全球華
　　　語文教育聯合會」。

　　　1. 組織開展華語文教育研究。

　　　2. 辦理華語文學術研討會。

---

[15] 參見陳亮光〈新時代華文教育發展研討會——全球華語文教育聯合會擴大籌委會紀
要〉《華文世界》122期，2018.12，頁5-14。

3. 建立華語文教育文庫和資料庫。

4. 組織策畫華文教材編寫與研究。

5. 組織專家學者巡迴教學考察（五大洲）集培訓評估。

6. 建立專家資料庫及提供諮詢服務。

7. 建立華語文學術發展交流網路平臺。

8. 組織華語文刊物、叢書之編寫及推展工作。

9. 籌募資金和社會資源，以有效運作聯合會。

（四）決議事項：

1. 此聯合組織命名為「全球華語文教育聯合會」。

2. 明確的定位和名稱應具科學性也具各地接受度。

3. 強化國際互助合作和國際化能協調各類的華語文教育問題。

4. 能與上和下連繫－兼具開放性和包容性。

5. 制定組織章程具自主性，民間性和非營利性。

6. 建立金會針對聯合會內部與外部建置好的運作方式。

7. 以互助及合作為基礎建立國際性的大平臺。

8. 歡迎並鼓勵年輕人家日以收百花齊放之效。

（五）此籌備擴大會議通過人事案如下：

1. 會長：周清海教授

2. 名譽會長：董鵬程理事長　陸儉明教授　曾志朗院士

3. 根據章程第22條之規定，由美洲、歐洲、新加坡、馬來西亞、泰國、菲律賓、印尼、韓國、中國大陸、臺灣各產生一名副會長。

4. 會員推選的名單為：中國大陸賈益民、臺灣柯華葳、新加坡陳之權、美洲何寶璋、澳洲李復興、菲律賓黃瑞銘、歐洲白樂桑，其餘各國及地區由該與會專家學者返回討論，與會專家學者返回討論並推舉一位重要代表擔任副會長。

（六）本會以註冊學術團體形式運作並擬在香港辦理註冊登記，大會祕書處暫設於華僑大學。

（七）專家學者座談會對「全球華語文教育聯合會」「新時代華文教學發展」期許甚深，所提出意見彙整如下：

李英哲教授： 支持「全球華語文教育聯合會」成立在全球化科技化年輕化的基礎上，全球華文教育必須「在地化」以新式的科技帶領雲端化的教學擴大教學與學習的新模式。

黃端銘教授： 「新時代」和「華文教育」為核心的關鍵詞，須關注新思維新思考來面對新時代的轉變，對於「大聯盟」期待，卻不能淪為私人學術機關，也不應為政府所限制。

陳漢展會長： 東南亞百年來文化與語言已有高度的發展，所建立的華人民校已有相當完善的制度與規模，希望日後「大聯盟」能持續目標永續支持東南亞的華文教育。

任　弘教授： 海外華人新移民分佈全球所接受的華人教育各有不同，所面臨的情況亦有不同，將來「大聯盟」成立，一定要關注這些新移民教育，尤其針對稚齡化、技職化的推廣顧及協助及落實教育。

李祖清校長： 緬甸對大華語「主籍國」的背景是華語得以推展的重要基礎，以華文文化為引導，因地制宜、因材施教，期許實踐本土華文教學。

李俊仁教授： 國立臺灣師範大學深根計畫中心所提供的全球華語文教育教學平臺，深入進行學習者學習成效，亦提供教學者有效率的模組分析，讓華語文科研與教研更具信效度；印尼華文教育正在蛻變，從「落葉歸根」轉為「落葉深根」。

陳有明主席：大華語的概念[16]在印尼擴大至東南亞喊出「母語立足本土、華語心懷中華、英語放眼世界」的口號呼應「大聯盟」。

　　憶當時，群賢畢至，少長咸集，董鵬程理事長一再倡議成立「全球華語文教學聯合會」，盛事可期，「大華語」概念於焉興矣，無奈天不假年，董理事長遽逝，人存政舉，人亡政息，撫今思昔徒呼負負也。

---

[16]　「大華語」則屬於全世界所有說漢語的人的語言。陸儉明2005年提出「大華語」概念後，李宇明於2014年將其具體化。「大華語」是以普通話為核心，在語音、詞彙和語法方面有一定彈性的漢語。它在語音上以普通話語音為標準，但在輕聲、兒化等諸多方面有一定的寬容度；在詞彙方面以普通話規範詞彙為標準，同時吸收其他華語社區詞彙；在語法方面以普通話的規範語法為理想標準，但對世界範圍內的漢語語法變異有一定的容忍度。參考網址：https://kknews.cc/news/3xq6nqa.html

第六章
華文教育的國際化思維

第一節　僑委會為槓桿支點，撐起臺灣與僑界

　　當世界各地的華語文教學異彩紛呈時，能有舵手點燈，方能照向四方，照見遠方大海之美。多少僑教及華教這些勞苦功高的「點燈者」，在月落烏啼霜滿天的時節裡，長年累月的如江楓、如漁火，一盞一盞地亮在南來北往地船中，投射著光和熱。

　　海外僑校在全球華語學習熱潮影響下，無論經營策略發展、教學課程規畫、學生來源背景多元化，以及專業華語師資需求等快速變化的轉型期間，面對未來整體發展與教學品質益皆呈專業化提升，其中的師資專業水準與足夠人力的挹注補充，此兩者更是有密不可分的關係，是直接影響僑校的教學品質與遠景發展，面對中文僑校在華語師資的數量和質量上，出現了專業能力的參差不一、師資需求嚴重短缺，以及教師年齡層老化等現象[1]，可看出往昔傳統固守的教學理念已不足因應如此快速變化的轉型時期。

　　須知華僑文教業務是僑務工作之基礎，華語文教育主流化已是一種趨勢，僑委會多年來持續協助僑民學校健全發展，積極推廣華文網路教學，開發新教材，發展數位、影音及網路互動式教材外，

---

[1]　參考李嘉郁（2008）〈海外華文教師培訓問題研究〉《世界漢語教學》2期，2008年8月，頁101-108。

因此結合網路科技，建置「全球華文網」入口網站[2]，致力打造臺灣優質華語文品牌形象，營造一數位化、人性化之華語文線上學習環境，此便捷管道提供華裔子弟及各國人士學習華語文、認識中華文化及臺灣多元文化，藉由網路無遠弗屆的功能，將僑教與主流教學接軌視為當前僑教工作的重點任務。

僑委會在國內，一方面積極與各華語文系所及產業界合作，強化海外教師培訓、教材編纂[3]外，一方面則積極鼓勵海外僑教體系，增進與主流社會合作，無形中蓄積臺灣華語文整體對外發展之能量與影響力，重新審度文化，且與時俱進對語言環境、社會組織、思維方式，進行比對批判與深度思考探究。

僑務委員童振源委員長更於2020年發佈最新僑務施政理念，分為四大工作目標，包括：「運用新科技與模式擴大服務全球僑胞」、「深化全球僑胞與臺灣在各領域的連結與合作」、「發揮臺灣優勢協助全球僑胞在僑居地生根茁壯」及「匯聚全球僑胞能量壯大臺灣」及兩項戰略：[4]

第一，由僑委會扮演槓桿支點，撐起臺灣、撐起僑界，發揮臺灣優勢協助全球僑胞在地發展，匯聚僑胞能量壯大臺灣。

---

[2] 對華語文教育工作者而言，談到正體字華語文教學資源網站，第一個浮現腦中的應該就是由中華民國僑務委員會建置的「全球華文網」（www.hauyuworld.org）；如果透過Google的關鍵字搜尋，輸入華語文、華文、華語文學習網站、華文學習網站等等關鍵字，排在前端的也都是累積了大量點閱及引用數的「全球華文網」。該網站自2007年上線以來累積了相當規模的教學資源，亦在海內外華語文教育專業領域有著極高的知名度，這些年來「全球華文網」配合數位科技的演進，而在2018年7月17日，全球華文網成功完成大型改版，著重在「重新設計網站首頁及動線」及建構「五大專區資源盤整」等，以期「全球華文網」成為全球數位華語文教學的領導者，建立海內外華語數位教學資訊分享平臺。運用數位科技優勢的代表作－全球華文網。請參閱林宗翰（「全球華文網」改版新樣貌）《華文世界》122期，2018年12月，頁21-23。

[3] 教材編纂以線上與實體教學靈活運用，突破環境與時空的限制，達到擴大華語文學習人口的目標。語言學習者學習意願及成效，華語文教材的內容與品質影響甚大，鼓勵學界與產業界合作建置線上華語學習平臺及教材、發展同步及非同步之遠距教學、數位教材及應用程式等教材編撰。

[4] 參見立法院第10屆第2會期外交及國防委員會僑務業務報告（民國109年10月28日）。

第二，建立單一聯絡視窗與整合平臺，匯聚海內外資訊、人脈、資源，串連全球僑胞豐沛能量與臺灣強大優勢，增進臺灣與僑界共同發展。……，以「整合」、「串聯」、「相互壯大」的概念，透過僑務工作數位化、資源整合平臺化、政府與民間合作雙贏、以僑胞需求為服務導向及僑務改革創新與活絡資源等五項策略。由於疫情嚴重又兼顧「防疫優先」、「國境安全」與「高中職僑生受教權益」為前提，在教育部統籌規劃與協助下，經中央疫情指揮中心評估疫情風險及國內防疫能量……。[5]

隨著國際政經環境的變遷，海外僑社也承擔新的衝擊和挑戰，臺灣本身由於遭遇國際上特殊處境，肩負起維繫當地具政經角色的僑民，為國拓展外交關係，將僑務工作與外交政策雙管齊下，以凸顯臺灣「民主價值」，建構「臺灣主體」的價值觀與國際意向，致力提高臺灣能見度，僑委會推展華文教育更須走向國際化思維。

第二節　未來人才培養的觀念

華語文教育主流化趨勢，所涉及如新移民議題、國際化、主流化、稚齡化及複雜的文化認同等諸多挑戰，海外中文學校為因應轉型之需求，除推動華文教育外，也要使各族裔孩子能以先進科技學習華語，使華文教育方能將華語（漢語）推高為第二語言及外語教學之最高層次。為此在教學理念上，設定在展望未來中文之傳承教育，企盼能培養跨文化、跨領域之應用型、複合型人才，成為今後華文教學理念上的核心意義。

作者參與全美中文學校聯合總會第三屆中文傳承教育國際研討會暨第二十三屆年會，聆聽開幕典禮時（2017年8月23日-24日），長堤加州州立大學謝天蔚教授專題演講：「中文學校成為

---

[5]　參考僑務電子報，參考網址：www.ocacnews.net.article_story

各族裔孩子用先進科技學習華語的場所」為講題，提點對當今世代人才培育之重心：

> 面對這樣一個世代，華裔和非華裔者都須掌握此一不可缺失的技能，要成為當今世代雙語雙文化人才，因此如何修正教學目標，如何改造現有教材，引入新的教學觀念，利用網絡和移動技術支援教學，使中文學校成為各族裔孩子用先進科技學習華語的場所。

閉幕時，中國華僑大學任弘教授則以「全球華語文教育發展新趨勢」為題，說明全球華教育發展的新趨勢，以國際化及文化認同強調之：

> 國際化：由於傳統社會的改變，華文教育除傳承族裔語言文化之外，必須配合居住國的教育政策和族裔政策調整，東南亞國際學校和印尼三語學校的興起，以及馬來西亞獨中的華語時數減少和三語化的傾向，顯示華文（漢語）教育必須與英語共生，以國際化因應居住國的族裔語言政策。

由於華文教育面臨這些不同層次的挑戰，其中有新移民對華文教育的態度與需求，傳統華人社會中華認同的轉變與複雜，東南亞華文教育呈現「復興」模式，北美強勢的主流教育體系衝擊至中文主流學校的生存，幼兒華語的興起……等因素，學習華語的方式呈現數種不同的流向，有朝主流化（向主流教育體系靠攏），有朝國際化（與英語共生），發展華人教育低齡化發展，運用數位科技，協助海外華人家庭輔導幼兒學習華語等，對發展華人教育皆是一重要課題。

面對華文教育生存條件之轉變，中文學校的需求，除藉主流考試需求來面對轉型的挑戰外，如何開展創意、創新的教學觀念，

利用網絡和移動技術支援，跨越班級和地理位置的障礙，體現教學團隊和學習團隊的作用，以視頻上傳或至網路平臺學者舉辦學術講座，提供跨文化教學龐大資源之分享應用，尋轉型之後路更能有多項策略運用。教學從傳統的教育中蛻變，教室不再被視為一「黑盒子」（blackbox）中，進入以學生為主，「從做中學」之真實生活，真實語料，進行個人探索，群組合作，教學可隨科技發展而更具反思及應變措施，同時構建跨文化交際課程具有其多元培養。

展望未來中文之傳承教育，海外僑校不僅融入中華文化為課程設計的教育觀念，也重視跨文化教學的實踐已蔚然成形。理應積極推展全球的合作與參與，共同創造中文教學資源和優勢，將專業知能導入與中文教學融合，從傳統的教育中蛻變，將跨學科知識融合的教育，打好未來人才紮實的科學、技術、工程和數學知識的基礎，培養學生創新精神與實踐能力，促進創新型、創業型人才的成長，都是不容忽視的時代變動。因此未來的社會議題是超（跨）學科教育（transdisciplinary education），學習，包括：學科內的統整、多學科的統整（與教科書內容重組）、科際的統整、與超學科的統整等……。

此學習理念是以觀念與問題為中心，探討世界相互依存的複雜問題，不能再以單一的學科知識去單打獨鬥，而是必須仰賴各種學科知識來解決。知識是社會建構的，語言和行動有多元的意義。課程統整的模式就課程統整的功能而言，是一種教育手段，模式蘊有許多不同的類型，如科際整合單元模式（interdisciplinary units model）：其主要目標在結合學科觀點並關注問題、主題的探究，使學生就研究的事件中知覺學科間關係的一種模式。其他如課程聯結模式（curricular connection model）：利用「輪形設計」整合科際間的課程都可參考之。[6]課程統整是有潛力提供較有效的學習方

---

[6]　科際整合單元模式如科學、科技、工程與數學（Science, Technology, Engineering, Mathematics，簡稱STEM）的科際整合教育議題在近年來受到許多的關切與重視，課

式，以反映學習的焦點由知識轉為能力。[7]

第三節　中華民國僑教運用優勢轉型提升

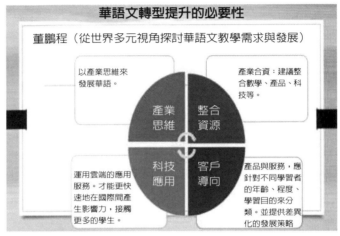

圖26

圖片來源：董鵬程理事長2015年11月
〈從世界多元視角探討華語文教學需求與發展〉演講簡報

　　前世界華語文教育學會董鵬程理事長高瞻遠矚，對華文教育轉

　　程聯結模式是就課程標準、教學與評量之關係。
[7]　科際整合單元模式（interdisciplinary units model）：如科學、科技、工程與數學
　　（Science, Technology, Engineering, Mathematics，簡稱STEM）的科際整合教育議題，近
　　年來受到許多的關切與重視，課程聯結模式是就課程標準、教學與評量之關係：係由
　　Jacobs（1989）依Hayes的模式再發展的，其主要目標在結合學科觀點並關注問題、
　　主題的探究，使學生就探究的事件中知覺學科間關係的一種模式。其他如統整主題
　　教學模式（integrated thematic instruction model）：係由Kovalik（1989）所發展，是藉
　　結合大腦研究教學策略和課程發展的研究結果，將課程內容統整為年間、月、週主
　　題。全人教育模式（holistic model）：係由Miller（1992）所發展，力求避免零碎性
　　的課程而著重學科結合或統整，並注重線性思考與直覺間的平衡。課程聯結模式
　　（curricular connection model）：係由Palmer（1991）發展，利用「輪形設計」整合科
　　際間的課程。

型提升的遠景，有其深思熟慮的長程計劃，認為促成產官學三方之創新策略，以之推動思維來發展華語文，首須瞭解國外華語文學習者之學習動機、學習管道、學習方式及學習成效等市場資訊，而後經營且深耕當地國始能有良田沃土，建立臺灣優質華語文教學品牌，當擴大海外華語文學習人口時，從整合政策、技術、兩岸及目標四大面向做起，聚焦臺灣華語文定位，區隔專業化及差異化，凸顯臺灣優質特色，提升華語文教育品質，支援產業發展，建構完備的華語文產業網絡；開拓海外華語文需求市場，擴展華語文學習人口。

臺灣華語界不可忽視的優勢在於有豐富文化資產、有多元創意構想，華語界老中青人才輩出且有後出轉精之勢。面對國家的困境、國際局勢的變動、僑教華教的轉型趨勢已是不得不「燃」之趨勢，董理事長老成謀國，常將其個人之宏觀思考與雄略視野，提綱挈領，分析當前華語文教育現況及走向，包括全球華語文教學市場輪廓、兩岸推展華語文之政策、海外華人華文教育的發展、臺灣華語文學術機構的成長等。

圖27　董鵬程理事長率團訪問美國僑團及海外中文學校

在董理事長發表〈從世界多元視角探討華語文教學需求與發展〉一文中，[8]對華語文教學需求與發展所應面對未來趨勢及應準備的方向，則以立基全球市場觀點，提出華語文產業「四大引擎」，包含中文測驗、師資培育、網絡資源及新興媒體（new media）的成長等，並整合目標、政策、技術及兩岸四大面向，聚焦於臺灣在華語文教育發展中的定位，支援產業發展，建構完備的華語文產業網絡；開拓海外華語文需求市場，擴展華語文學習人口。由此可見，世界華文會在董理事長多年掌舵下，不僅身為國內民間團體的領航者，更不辭辛苦多次率團訪問美國僑團及海外中文學校，實地勘察中文校實際情況，與當地華語界切磋交流，其真知灼見，展現以臺灣優質華語文平臺，展現臺灣豐富的文化資產，已知臺灣的華語文教育須躍升為大規模科技化的國際華語文教育，成為「世界村」人必備的利器之一。[9]可見海外華文教育之轉型提升，不可不重視臺灣在華文教育方面早已佔有的多項優勢條件，如豐富的文化資產、多元的文化創意、先進的數位科技、完整的推動體系，活潑生動的教學方法……。

當海外華語教師「量」的需求看起來大得驚人，中國大陸、臺灣紛紛「共襄盛舉」欲「填補」大規模的中文教師缺額時，應該冷靜注意的是「質」的問題。如今孔子學院已受質疑，除文化的背景外，國家的安全也受考驗，如何吸引學習者「感興趣」的關鍵就是教學的品質，在一面量化數據的呈現下，美國的中文教學是否真

8　董鵬程〈從世界多元視角探討華語文教學需求與發展〉發表於「第二屆華文教育國際學術研討會」，廣州暨南大學華文學院，2015年11月7-8日。

9　2008年8月30日至9月10日，世界華文會董鵬程會長不辭辛勞帶領臺灣華語界與中國大陸學術團體作一交流訪問，從廈門、廣州到上海與北京，11天期間，共訪問11所大學和3個領導機關，包括：國家漢辦（國家漢語國際推廣領導小組辦公室暨孔子學院總部，國務院僑務辦公室暨直屬北京華文學院，教育部國家語委暨語言文字應用研究所，廈門大學，華僑大學華文學院，暨南大學，廣州大學，中山大學，上海師範大學，華東師範大學，復旦大學，北京語言大學，北京大學等，行程充實，到中國大陸各重點大學和教育推廣單位，觀察到每個行政和學術單位皆各有所長，不管是留學生教育（最佳中華文化宣傳的使者）、研究生教育（對外漢語研究教學人才的培養），或是傾國家之力推廣漢語的雄心壯志（孔子學院、網際網路、漢語教材編寫等），皆能透過語文教育而具推廣中華文化的自信與企圖心。

正吸引了學生持續選讀？是否有國別化與別化的教材，使華語熱的「熱度」能持之長久，中國文化的內涵真正被各族裔孩子感受到？面對未來的考驗，需要各位學者集思廣議，慎重以對。另外提到華語文轉型提升，不能不以產業思維、客戶導向等觀點來尋求產官學的通力合作，方能「立足臺灣、放眼世界」。

　　「臺灣華語文產業推動聯盟」是華語產也為發展的重要推手（2006年成立），主要職責有二，一、是分享各國拓展市場的資訊。二、是作為政府推動華語產業的智囊。未來在華文結構的產業目標來看，應重視客戶需求及品牌與代工雙軌。陳迪智會長[10]代表產業界向新（蔡）政府建言，其中的產業思維，客戶導向，科技應用，整合資源，也是一種居於產業界的角度求好心切的看法。

　　歷史如舞臺，大批的演員上臺下臺此進彼出，所謂「盈虛者如彼，而卒莫消長也」，能在盈虛間有其變與不變者，乃要智燭機先、掌握良機，始能立基全球市場觀點，聚焦臺灣在華語文教育的優質性。華語教學的另一扇窗——國際學校也不容忽視。多瞭解國際學校的教學風格和性質也可開拓國際視野、與國際接軌的途徑。

　　蔡雅薰教授〈從IB國際文憑教育探究全球視角的國際華語文教學新變〉提出IB國際文憑教育，也可視為從產業思維的角度達到轉型提升的路徑。[11]時局的變化看似與華語文發展無關，楊聰榮教授發表〈新冷戰時期的華語文發展〉一文中，提醒從我們從新冷戰變化的角度中，另一種思考的角度。白2020年起迄今，世人看到起起伏伏的中美衝突、高漲反中情緒、肺炎疫情的蔓延全球、同時孔子學院陸續的關閉，世界變局接二連三的撲來，令世人沮喪不已，所謂「天有不測風雲，人有旦夕禍福」，如何持續結合產官學研的力

---

[10] 陳迪智為臺灣華語文產業推動聯盟會長、聯合報教育事業部總經理兼智慧華語公司總經理。請參見周亞民〈樹成陰而眾鳥棲是城裡而眾人隨——專訪陳迪智先生〉《華文世界》110期2012年12月，頁6-11。

[11] 蔡雅薰〈從IB國際文憑教育探究全球視角的國際華語文教學新變〉《華文世界》120期，2017年12月，頁101-109。

量，進行在地的深耕與發展，深化海外僑校與台灣教育機構及產業有多元連結及廣泛之交流及合作，台灣才能走向國際居於領航者之角色。

小結

新冷戰時代已然來臨，在民族主義亢奮的情境下不斷升級，無形中形成知識的封鎖，臺灣的角色在此時此刻開始被世人看見，美國學者認為，孔子學院雖然掛上「孔子」之名，但事實上與孔夫子思想沒有關係，疑慮一：學術自由，中國2004年起在國外設立多所孔子學院，截至2019年底，全球有140多個國家、設立了超過500多間孔子學院。疑慮二：間諜與情報收集，懷疑中共統戰部在各學府的活動。疑慮三：孔子學院「與孔子學說無關」。

由於以「孔子學院」為名在各國普及的設立，「儒家思想（Confucianism）」的崇高仁義精神與中國專制政權自然掛勾，如今在華語文教育上削弱了它本有文化上的吸引力。反中情緒的高漲增長雪上加霜的情勢，今後華語學習的熱度是否延續？留下的難題不在於臺灣是否可取而代之的欣喜，而是中華文化，尤其是孔子思想如何還其本來面目？如何不再蒙上「假孔子之名、行滲透之實」的猜疑，讓各族裔學習者對華語文仍保有其美好的動機與愛好，臺灣在此時此刻當義不容辭擔負起華語文教學之典範，使學習者得窺中華文化的「宮牆之美、百官之富」。華語文教育的路應是要站在「正確」的位置上，發揮大用。須知語言競爭力是由政治競爭力、經濟競爭力、文化競爭力、文字競爭力組合而成的，所謂牽一髮而動全身，不可不慎也。

臺灣在華語文教育其中一個極重要因素就是漢字的相濡相輔，其中蘊涵著大量中華文化的資訊，是華人社會及其中華文化綿延長盛的重要條件，在中國大陸簡化文字的政策下，漢字與中華文化的

相濡相輔，正是臺灣與國際思維接軌，讓世界看見文化接觸與散播的利器。從事華語教學者當捫心自問：我們現在要走到哪兒？要如何讓世界看見臺灣華語文教育的躍升？[12]

就華語教學支撐度而言，[13]不可忽視的是文化因素，語言學習和習得是一個適應新文化的過程，如何保持自身的穩定力，將民族文化中民族心理作一傳達。

華語在長期形成和使用時，民族之間的社會文化可獲得資訊而進行交流[14]，在長期形成和使用時被賦予了深厚的內涵，成為中華民族心理的寄託價值觀念，有此心理就已據有相對的固定性和統一性。國別化和跨文化的討論也成為現在研究者的顯學。華語教師在教學上建構文化因素，因學習者層級的不同，建構的文化知識分別為古代的經史典籍、政治思想等所謂的「大文化」和節慶習俗、禮節儀式的「小文化」的分別。如此在介紹中國文化時可側重介紹中國文化中真實而可「活用」的文化。

今日因學生生態的改變，傳統華語家庭學生人數減少，非華語家庭學生人數增加，有過半數的老師參加線上培訓或使用全球華文網課程做遠距進修，使用語音轉文字（Text to Speech），文字轉語音（Speech to Text）和翻譯器Machine Translation），科技工具對傳統華裔生和中文為外語生的有效教學法，教學方法從傳統的學習轉變為數位網路學習，移動學習是無所不在的學習，社區家庭也進入多元化和國際化、華語的學習者從主流學校的外語課程學生急速擴大到工商業界，工程界、醫學界……，學習和使用華語成為必要的

---

[12] 請參見《華文世界》117期2016年6月，本期主題即為「臺灣華語文教育何去何從？」
[13] 根據方麗娜（2013）研究指出，華語文教學大抵可分為兩大類，一是屬於主流正規教育體制之大學、中學或小學階段的「華語文教學」，是非母語學習的語言教學，是為非華裔學生所開設，以作為外語學習目的的中文課程。另一類是海外華人社會的「華文教育」，是以母語或第一語言為華語的海外華人、華僑為主要教學對象所開展的語言和文化教育，也通稱為「華僑教育」，在主流華語文教學與海外華文教育，彼此是互為補充與支撐，構成了當今世界華語文教學的基本格局。
[14] 陳俊森、樊葳葳主編《外國文化與跨文化交際》華中理工大學出版社，2000年。

國際經濟拓展能力。經濟財務的學習，……對非華語學生而言，是加強和開發第二專長或三或四的領域。

又因全球疫情嚴峻，教學考量網路課程已改變了傳統教學的思維，華語文教育呈現產業化趨勢，為了推動國際合作，海外中文學校從往昔的中文補習性質上轉型，在僑校，社區，全球化市場呈現多元化，因此今日華語文教育具備幾個特色：專業化、多元化、產業化與國際觀。從學員背景和教學考量、社區家庭多元化到國際化，都涵蓋著網際網路與數位科技的發展對於海外華語文教學型態產生了重大變革。在海外華語文教學課程應統整架構中的三大學習領域包括：語言、人文藝術與綜合文化活動教學內涵等，皆與電腦多媒體相結合。

華語的學習者從主流學校的外語課程急速擴大到工商業界，學習和使用華語成為必要的國際經濟拓展能力，在經濟財務專業能力的培養、市場行銷和開發都要有跨學科的統整方式。這是目前華語教師應準備的統整概念。在教材國別化適合性的層面上，從教學環境、學習者的母語與本土文化、學習者的目的與動機等三個因素入手研究。使學習者通過語用交際之溝通、漸可確認、建立、維持、強化了各種身分國別、不同的文化，習得了各種不同的交際文化、群體文化、信仰文化、地域文化，及文化環境中所包括世界觀、價值取向等，這種整體式的文化取向通常稱為定勢文化（a stereotypical representative），是跨文化教學中的資訊的傳遞之歷程[15]，綜論而言，華語教學須有國際化新思維、在教學上運用社會知識建構知教學策略，運用跨學科的統整方式就華語教學的跨文化因素，學習者在語言學習和習得的目的是為了適應新文化的過程，不同背景的民族之間在社會與文化間獲得資訊進行交流。

郝明義董事長在《如果臺灣的四周是海洋》所言：「我們要敢

---

[15] 參考謝佳玲《漢語與英語跨文化對比》臺北：文鶴出版社，2016年3月，頁17。

於和過去不同，敢於和對岸不同，敢於在險境中開創新的未來…」
「我們面對海洋就該接受海洋的提醒」[16]從世界化、全球化，你不
得不廣泛深入的去體認，使華語「熱」的度數及火候能持久，是要
在全球範圍內參與社群、在社群內交換掌握全球交流的訊息，是要
擴大溝通的領域[17]，要透過「行動」和「協作」的過程，印證華語
教育工作者所相信的價值及理念，不只是語言的溝通、文化的傳
遞，還要有數位化的工具，也要有國際化的工具。就華語教育這一
領域來說，其中涉及層面已可見多層次的複雜性，如對僑民或移民
結構的認知，從國際化、主流化體認複雜的文化認同等諸多議題，
因此今天我們面對該有要前進的方向，要在險境中培養未來人才，
才有力量為海外僑民，為華文教育點「一盞永不止息的明燈」。

---

[16] 郝明義〈敢於不同的勇氣逬現《如果臺灣的四周是海洋》大塊文化出版社，2015年12
月 P.109，舉出很多有才氣的年輕人如何透過「行動」和「協作」的過程在全球範圍
內參與社群、在社群內交換掌握全球交流的訊息，擴大溝通的領域，如林思吾「阿
物公司」往世界投射，建立起除了中國與美國以外的世界觀；如鄭國威為PanSci泛科
學組編輯，努力做全球之聲的泛科學組編輯，努力做全球之聲的中文版，人物介紹
很多，閱讀中會讓你的視野大開，心口發亮。

[17] 同註3，〈敢於不同的勇氣逬現〉此篇舉出很多有才氣的年輕人如何透過「行動」和
「協作」的過程在全球範圍內參與社群、在社群內交換掌握全球交流的訊息，擴大
溝通的領域，如林思吾「阿物公司」往世界投射，建立起除了中國與美國以外的世
界觀；如鄭國威為PanSci泛科學組編輯，努力做全球之聲的中文版，人物介紹很多，
閱讀中會讓你的視野大開，心口發亮。

參考文獻（依年代後順序）

（2020）任弘〈橫濱大同學校：現代海外華僑學校的發軔與「維新學制」典範〉，「第一屆華語教學發展史國際研討會」，新竹：臺灣清華大學

（2020）楊聰榮〈新冷戰格局下的華語文發展〉（國際華語文講座），臺北師範大學

（2020）蔡雅薰〈從IB國際文憑教育探究全球視角的國際華語文教學新變〉（國際華語文推廣講座），臺北師範大學演講

（2019）任弘〈美國中文教育發展報告〉《華僑華人藍皮書》，廈門：華僑大學

（2016）曾玲《社群邊界內的廟宇、墳山與移民時代新加坡華人幫群組織之建構——從碑文、帳本、會議記錄、章程等切入的研究》《華僑華人文獻學刊》

（2015）郝明義《如果臺灣的四周是海洋》，臺北：大塊文化出版社

（2014）丘進主編《華僑華人研究報告》，北京：社會科學文獻出版社

（2014）李元瑾〈從文化殖民的視角重讀新加坡海峽華人的失根〉《華僑華人歷史研究》

（2014）董鵬程、方麗娜〈臺灣地區社外華文教育的歷史與現狀〉《華僑華人研究報告》，北京：社會科學文獻出版社

（2014）張松建〈家國尋根與文化認同〉《清華中文學報》第十二期

（2014）郭志偉〈華語學習動機類型及教學策略運用之個案分析〉《語文教育論壇》

（2014）李元瑾〈從文化殖民的視角重讀新加坡海峽華人的失根〉《華僑華人歷史研究》

（2013）李振清〈全球華語教師培訓的國際化新思維〉《華文世界》第112期

（2013）姚蘭、董鵬程、何福田，第九章〈臺灣華語文教育與僑教〉《臺灣華語文教育發展史》

（2012）李勇〈語言、歷史、邊界：東南亞華人族群關係的變遷〉《華僑華人藍皮書》，華僑大學

（2011）董鵬程〈華人世界的紐帶〉《興華文集）第二輯

（2011）邱進主編：《華僑華人研究報告》，北京：社會科學文獻出版社

（2011）範毅軍〈臺灣推動華語文教育之關鍵問題及其解決策略研究〉臺南大學教育經營與管理研究所博士論文

（2010）朱浤源、夏誠華、邱炫煜：《我國僑教政策未來發展趨勢之研究》，臺北：僑務委員會

（2010）李振清〈提升教育國際化與競爭力的共識與策略〉《臺灣教育》

（2010）吳靜宜〈越南華人遷移史與客家話的使用——以胡志明市為例〉，國立中央大學客家語文研究所碩士論文

（2009）夏誠華《新世紀的海外華人變貌》，新竹：玄奘大學海外華人研究中心

（2009）高崇雲、高欣、高鵬翔〈新時代臺灣僑教政策的前瞻思考〉《新世紀的海外華人變貌》，新竹：玄奘大學海外華人研究中心

（2009）劉東寧〈論漢語國別教材的適合性〉〈漢語國別化教材國際研討會）

（2008）陳俊森、樊葳葳主編《外國文化與跨文化交際》，華中理工大學出版社

（2008）李嘉鬱（2008）〈海外華文教師培訓問題研究〉《世界漢語教學》2期，北京語言大學出版

（2008）李明歡、黃猷〈東南亞華人族群文化與華文教育〉《海外華文教育》

（2008）蔡佩姍〈我國僑教政策變遷之研究——以歷史制度主義角度分析〉，政治大學公共行政研究所碩士論文

（2008）李勇〈移民時代新加坡華人幫群社會建構的個案研究——以「福建人」閩幫總機構為例〉《華僑華人歷史研究》

（2007）亓延坤〈泰國華文教育初探〉《八桂僑刊》

（2006）何福田：〈辦理僑民教育的意義〉《研習資訊》第23卷第2期，教育部臺灣省國民學校教師研習會言習資訊雜誌社

（2006）紀宗安；何萬寧〈民國時期華僑高等教育的興起與發展——以暨南大學為例〉《民國檔案》

（2005）胡百龍、梅傳強　張國雄主編《僑鄉文化縱橫》，北京：中國華僑出版社

（2005）曾玲《祖神崇拜：東南亞華人與祖籍地文化紐帶之建構》，北京：中國華僑出版社

（2005）胡百龍、梅傳強、張國雄主編《僑鄉文化縱橫》，北京：中國華僑出版社

（2005）朱陸民〈二戰後印尼華族政治地位變遷研究〉，暨南大學博士論文

（2004）龔鵬程〈東南亞華人社會的文化變遷〉，「臺灣與東南亞：文化文學與社會變遷研討會」主題演講稿，馬來西亞檳城

（2003）龔鵬程〈世界華文文學新世界〉《世界華文文學新世界》，桃園：國立中央大學（該文改寫重刊於《華文文學》第96期，2010年3月）

（2003）周海燕《當代泰國華文教育之管見》，安徽：《宿州師專學報》

（2001）鬱漢良：《華僑教育發展史》，臺北：國立編譯館

（2001）別必亮《承傳與創新：近代華僑教育研究》，河北教育出版社

（2000）董鵬程〈全球華語文教學發展現況〉，臺灣世界華語文教育學會

（1999）莫世祥〈近代澳門貿易地位的變遷——拱北海關報告展示的歷史軌跡〉《中國社會科學》

（1999）鄧開頌《澳門歷史（1840-1949）》，珠海：珠海出版社

（1998）黃昆章《印尼華文教育的回顧與展望》，廣西：《八桂僑史》

（1998）林蒲田《華僑華人歷史研究》第2期，中華全國歸國華僑聯合會

（1997）戴超武編〈美國1965年移民法對亞洲移民和亞裔集團的影響〉《美國研究》

（1995）高瑪琍〈泰國華文教育的現狀和前景〉，廣西：《八桂僑史》

（1995）林孝勝《新加坡華社與華裔》，新加坡亞洲研究學會

（1994）余繩武、劉存寬主編《十九世紀的香港》，北京：中華書局

（1994）黃炎培〈南洋華僑教育商榷書〉《黃炎培教育文集》第二篇，北京：中國文史出版社

（1990）莊國土《晚清政府的興學措施與海外華文教育的發展》《華僑華人歷史研究》

（1988）王賡武著；姚楠編譯《南洋貿易與南洋華人》，中華書局香港分局，

（1987）王賡武《中國歷史著作中的東南亞華僑》姚楠編譯《東南

亞與華人──王賡武教授論文選集》，中國友誼出版公司

（1987）游仲勳著，郭梁：《東南亞華僑經濟簡論》劉曉民譯，廈門大學出版社（1980）陳翰笙主編：《華工出國史料彙編》第一輯，北京：中華書局，1980──王賡武教授論文選集》，中國友誼出版公司

（1977）楊進發《戰前星華社會結構與領導層初探》，新加坡南洋學會

（1964）唐青編著《新加坡華文教育》，臺北：華僑出版社

（1963）周勝皋，《越南華僑教育》，臺北：華僑出版社

（1958）朱壽明《光緒朝東華錄》（第五冊），中華書局

（1953）許雲樵〈南洋華僑與大學教育〉《南洋學報》

（1939）福田省三《華僑經濟論》，東京：岩松書堂

（1939）傅無悶編《南洋年鑑》丙編，新加坡：南洋商報社

（1928）舒新城《近代中國教育史料》（第二冊），上海：上海書店

（1910）《大清宣統新法令》（第十一冊），上海：上海商務印務館

期刊

（2020）周靜琬〈訪世華會理事長任弘教授〉《華文世界》125期

（2020）韓曉明〈從「再中國化」到「再華化」──百年間東南亞華人的身分重構及其對華文教育的影響〉《東南亞研究》，國立暨南大學東南亞研究中心

（2019）周靜琬〈哲人日以遠　典型在夙昔──敬悼華語藉一代宗師董鵬程理事長〉《華文世界》124期

（2019）任弘〈華語文教育的拓荒者──紀念董鵬程先生〉《華文世界》124期

（2019）李章鵬〈中荷設領談判與華僑國籍問題交涉（1907-1911）〉《近代史研究》委會紀要

（2019）藍峰〈早期流散傳媒的話語特徵及華族的身分構建〉《文學人類學研究》《叻報》

（2018）陳亮光〈「新時代華文教育發展研討會——全球華語文教育聯合會擴大籌委會紀要」〉《華文世界》122期

（2018）林宗翰〈「全球華文網」改版新樣貌〉《華文世界》122期

（2017）董鵬程〈風華歲月七五壽　華人世界之紐帶〉，臺北：僑協雜誌

（2017）石之瑜、李慧易〈從「華人性」到「後華人性」——馬來西亞華人研究箚記〉，展望與探索月刊

（2017）陳迪智〈臺灣華語文產業聯盟對於新政府的期許〉《華文世界》116期

（2017）蔡雅薰〈從IB國際文憑教育探究全球視角的國際華語文教學新變〉《華文世界》120期

（2017）周靜琬（並蒂花開各自榮　脈脈誰教花芬芳）《華文世界》119期

（2016）閆行健編〈美國〈1965年外來移民與國籍法修正案〉探析〉《美國研究》

（2016）王睿千〈跳脫臺灣本位從強勢中國的世界脈絡反思臺灣華語教師專業內涵〉《華文世界》117期

（2016）歐秀慧〈從東亞的鄉愁看和自簡繁之爭論〉《華文世界》118期

（2015）董鵬程〈全球華語文教學發展現況〉，《華文世界》115期

（2015）董鵬程〈從世界多元視角探討華語文教學需求與發展〉《華文世界》115期

（2015）鍾鎮城主編〈第二語言習得語與教育科技〉《第二語言習得與教學》，臺北：新學林出版公司

（2015）陳亮光〈東協成立對東南亞國際學校華文教育〉《華文世界》116期

（2015）冉春〈抗戰前後南京國民政府的華僑教育政策研究〉《河北師範大學學報》（教育科學版）

（2015）黃曉贏〈雪中送炭：民族主義取向下的東南亞華僑教育〉《亞太教育》

（2014）董鵬程、方麗娜〈臺灣地區社外華文教育的歷史與現狀〉《華僑華人研究報告2013》，北京：社會科學文獻出版社

（2014）蕭新煌、楊昊《孔子學院在中國──東南亞關係政治中的角色》，臺北：遠景基金會季刊

（2014）張松建〈家國尋根與文化認同〉《清華中文學報》第十二期，國立清華大學中國文學系

（2014）郭志偉〈華語學習動機類型及教學策略運用之個案分析〉《語文教育論壇》

（2013）李振清〈全球華語教師培訓的國際化新思維〉《華文世界》第112期

（2013）賴明德〈世華會40週年、話當年〉《華文世界》112期

（2013）張孝裕〈話說世界教育學會與我〉《華文世界》112期

（2013）賴明德〈世華會40週年、話當年〉《華文世界》112期

（2013）陳純音〈華文會四十歲〉《華文世界》112期

（2013）馬寶蓮〈四十不惑「世界華文」俯仰無愧〉《華文世界》112期

（2013）梁英明〈從中華學堂到三語學校──論印尼現代華文學校的發展與演變〉《華僑華人歷史研究》

（2012）徐昌火〈基於CEFR的國別化中文教材編寫芻議〉《華語文教學研究》

（2012）黃兆仁〈臺灣與東協主要國家之經貿互動關係〉《臺灣國際研究季刊》

（2011）董鵬程〈華人世界的紐帶〉《興華文集》第二輯，臺北：
　　興華文化交流發展基金會

（2011）劉文正〈東南亞臺商協會的建立及其功能分析〉《東南亞
　　縱橫》2011年4月。該文據僑務委員會出版2008年《華僑經濟
　　年鑒》整理。

（2010）馮翠、夏泉〈1929年第一次南洋華僑教育會議研究：以文
　　化認同與適應為視角〉《東南亞研究》

（2009）劉東寧〈論漢語國別教材的適合性〉（漢語國別化教材國
　　際研討會）

（2009）李大玖編著《海外華文網路媒體——跨文化語境》，北
　　京：清華大學出版社

（2009）夏斯雲〈民初華僑聯合會述論〉《華僑華人歷史研究》

（2008）陳俊森、樊葳葳主編《外國文化與跨文化交際》，華中理
　　工大學出版社

（2008）李嘉鬱〈海外華文教師培訓問題研究〉《世界漢語教學》
　　2期，北京語言大學出版

（2008）方玉芬〈試析清末民初華僑教育考察的歷史及影響〉《八
　　桂僑刊》

（2007）劉利〈論晚清時期的華僑教育〉《暨南大學華文學院學報》

（2006）王德威〈華語語系文學：邊界想像與越界建構〉《中山大
　　學學報：社會科學版》

（2006）紀宗安；何萬寧紀宗安；何萬寧〈民國時期華僑高等教育
　　的興起與發展——以暨南大學為例〉《民國檔案》

（2005）黃昆章《印尼華僑華人史（1950至2004年）》，廣東高等
　　教育出版社

（2005）毛立坤〈晚清時期東南沿海通商口岸對外航線與港勢地位
　　的變遷〉《史學月刊》

（2004）莊國土〈冷戰以來東南亞國際關係研究評述——以「冷戰

以來東南亞國際關係研討會」為例〉《世界歷史》

（2003）陳敏〈清末士紳在新式教育領域內的活動〉《安慶師範學院學報》（社會科學版）

（2002）張祖興〈評哈比比執政時期印尼的政治改革〉《東南亞研究》

（2002）楊陽〈二戰後印尼政府的華人政策與華人參政〉《東南學術》

（2001）顧長永〈臺商在東南亞臺灣移民海外的第三波〉《序言》，臺北：麗文文化公司出版，顧長永〈臺灣移民東南亞現象與經濟關係〉《東南亞學刊》第3卷第2期

（1999）戴超武《美國移民政策與亞洲移民1849-1996》，北京：中國社會科學出版社

（1999）鄧開頌《澳門歷史（1840-1949）》，珠海：珠海出版社

（1953）許雲樵〈南洋華僑與大學教育〉《南洋學報》

Do觀點69　PF0312

一盞永不止息的明燈
──百年僑教的耕耘足跡

編　　著／董鵬程、任弘、周靜琬
策劃主編／財團法人興華文化交流發展基金會、世界華語文教育學會
責任編輯／石書豪
圖文排版／蔡忠翰
封面設計／劉肇昇

出版策劃／獨立作家
發 行 人／宋政坤
法律顧問／毛國樑　律師
製作發行／秀威資訊科技股份有限公司
　　　　　地址：114 台北市內湖區瑞光路76巷65號1樓
　　　　　電話：+886-2-2796-3638　傳真：+886-2-2796-1377
　　　　　服務信箱：service@showwe.com.tw
展售門市／國家書店【松江門市】
　　　　　地址：104 台北市中山區松江路209號1樓
　　　　　電話：+886-2-2518-0207　傳真：+886-2-2518-0778
網路訂購／秀威網路書店：https://store.showwe.tw
　　　　　國家網路書店：https://www.govbooks.com.tw

出版日期／2023年10月　BOD一版　定價／320元

|獨立|作家|
Independent Author

寫自己的故事，唱自己的歌

讀者回函卡

一盞永不止息的明燈：百年僑教的耕耘足跡 / 董
鵬程, 任弘, 周靜琬作. -- 一版. -- 臺北市：
獨立作家, 2023.10
面；　公分. -- (Do觀點；69)
BOD版
ISBN 978-626-96328-2-4(平裝)

1.CST: 行政院僑務委員會
2.CST: 世界華語文教育學會
3.CST: 華僑教育

577.21   111012440

國家圖書館出版品預行編目